कहना नहीं आता

पवन करण

वाणी प्रकाशन

वाणी प्रकाशन

4695, 21-ए, दरियागंज, नयी दिल्ली 110 002

शाखा

अशोक राजपथ, पटना 800 004

फ़ोनः +91 11 23273167 फ़ैक्स: +91 11 23275710

www.vaniprakashan.in
vaniprakashan@gmail.com

KAHNA NAHIN AATA
by Pawan Karan

ISBN : 978-93-5000-962-8
Poetry

प्रथम संस्करण 2012
आवृत्ति संस्करण 2014

मूल्य : ₹250

पूजा ऑफ़सेट, दिल्ली-110 093 में मुद्रित

वाणी प्रकाशन का लोगो मक़बूल फ़िदा हुसेन की कूची से

ननि सुर (बांग्ला)
आर. शान्ता सुन्दरी (तेलुगु)
प्रमीला के. पी. (मलयालम)
बलवन्त जेऊरकर (मराठी)
अपर्णा महान्ति (उड़िया)
कुदरत अली कुदरत (उर्दू)
मिनिप्रिया आर. (तमिल)
अमरजीत कौंके (पंजाबी)
रश्मि बजाज (अंग्रेजी)
दीपक कुमार दास (असमिया)
धरणेन्द्र कुरकुरी (कन्नड़)

के लिये...

अनुक्रम

इन्हें चाव से पढ़ें

वहाँ भी अ से अ बनता है और क से क
कैसे कह दूँ शब्द वहाँ जाया होते हैं
कि वहाँ बदल जाते हैं शब्दों के अर्थ
हो जाते हैं वे कुछ के कुछ

मैं उनके भीतर बाहर चिपके पोस्टरों पर
लिखे वाक्यों की बात नहीं कर रहा
शौचालयों की दीवारों पर विशेषकर
रेल के डिब्बों में शौचालयों के भीतर
बालपेन की निब गड़ा-गड़ाकर
लिखे गये शब्द मुझे आकर्षित करते हैं

मैं उन्हें जतन से पढ़ता हूँ और मन ही मन
लिखने वाले की तारीफ किये बिना नहीं रहता
और उस पर यात्रा दोस्तों के साथ हो रही हो
तो फिर उन वाक्यों के क्या कहने

बाहर आकर हँसते हुए उन्हें बताता नहीं
कि क्या पढ़ा मैंने भीतर बल्कि उन्हें
एक-एक कर भेजता हूँ कि वे जाएँ
और उन्हें आएँ पढ़कर और बिना कुछ कहे
देखते हुए एक दूसरे की तरफ
बना दे हँसी का शरारती माहौल

क्या तुममें से किसी के पास अनुभव का
यह हिस्सा है मेरी मित्र यात्रा में
मुझसे पहले गयी टायलेट तो उसमें से
बमुश्किल अपनी हँसी दबाती बाहर निकली
उसने ठीक मेरी तरह मुझसे कहा मैं जाऊँ
और भीतर दीवार पर लिखे को आऊँ पढ़कर
फिर शुरुआत में ही चुलबुली हो गयी
हम दोनों की वह यात्रा मजे में कटी

हालत यह है कि मैं जब भी किसी यात्रा में
डिब्बे के शौचालय में घुसता हूँ
दीवार पर लिखा ढूँढ़ने लगता हूँ
और किसी में कुछ लिखा मिल जाए तो ठीक
न मिले तो भी, उसके कुँआरेपन पर
मुस्कराता बाहर निकल आता हूँ

और यात्रा में मेरी सीट ऐसी जगह पर हो
जहाँ से दिखाई देता हो शौचालय से
बाहर आता यात्री तो मैं बाहर निकले यात्री के
चेहरे पर मुस्कराहट की पतली
शरारती लकीर खोजने की करता हूँ कोशिश
कई दफे तो मेरे मन में यह भी आता है
कि उससे पूछ लूँ कि उसने वह पढ़ा कि नहीं

भले ही मन ही मन पसन्द करने के बाद भी
इसे लोग बुरा, बेहूदा और भद्दा कहते हों
फिर भी मैं उनसे कहना चाहता हूँ
कि वे इन्हें बड़े आराम और चाव से पढ़ें

मगर मैं ऐसे शौचालय की दीवारों को
जिस पर लिखकर या उकेरकर गया हो कोई

जमाने की नजरों में अश्लील
उन लोगों को करते हुए याद
थपथपाये बिना नहीं रहता
जिन्होंने कुछ देर के लिए ही सही
अपनी तरफ से उन्हें मुहैया कराया छुपना

शौचालय की दीवारों पर लिखा पढ़ते हुए
मुझे कई बार लगता है लिखे को
थोड़ा सुधार दूँ, जोड़ दूँ अपनी तरफ से कुछ
मिला दूँ उनकी तुक-तान
कर दूँ ठीक उनका काफिया-रदीफ

और जब भी सोचता हूँ ऐसा, आते हैं
मुझे फ्रांसिस न्यूटन सूजा याद जिन्हें
बस इसी वजह से होना पड़ा
अपने स्कूल से बाहर कि वे गये पकड़े
स्कूल के शौचालय की दीवार पर बने
नग्न रेखाचित्रों में सुधार करते।

चालीस हजारवाँ किलोमीटर

मैं पृथ्वी का चालीस हजारवाँ किलोमीटर
चालीस हजारवाँ किलोमीटर
यही मेरा पता और यही मेरा नाम
मुझे ढूँढ़ने नहीं पड़ेगा आपको भटकना
जहाँ हूँ वहीं मिलूँगा किलोमीटर मैं

मैं चालीस हजारवाँ किलोमीटर ही क्यों
पहले दूसरा दसवाँ सौवाँ हजारवाँ या फिर
इक्तालीस हजारवाँ क्यों नहीं
चालीस हजारवाँ ही क्यों?
वह इसलिए कि जिस पृथ्वी पर
तुम रहते उसकी गोलाई कुल
चालीस हजार किलोमीटर
और मैं उसका किलोमीटर अन्तिम

फिर भले ही मैं किलोमीटर अन्तिम
मगर हो साहस तो आप मुझसे भी
शुरू कर सकते पृथ्वी को नापना
तब आपके लिए मैं पहला किलोमीटर
और पहला वाला किलोमीटर अन्तिम
पहला और मैं अन्तिम
एक ऐसे बिन्दु पर जोड़े बैठे
पीठ से पीठ अपनी जहाँ से पृथ्वी की
गोलाई होती शुरू और खत्म भी

पहले किलोमीटर से शुरू करने का रोमांच
जुड़ा मुझ अन्तिम किलोमीटर के साथ
शुरू करते जब आप पहले से चलना
तब मैं देखता हूँ आपकी पीठ आपको जाते
और जब आप पहुँचते मुझ तक
तब मैं देखता आपका सीना धौंकनी खुद तक आते

मगर पढ़ लेने जैसा आसान नहीं इसे नाप लेना
आसान नहीं पृथ्वी की गोलाई को
किसी मिट्टी के घड़े या स्त्री की कमर जैसे
बाँहों में भर लेना
इतनी बड़ी इच्छा भी नहीं कोई एक
जिसमें नहीं कोई जोड़ एक से चालीस तक
नापी जा सके जिससे पृथ्वी बेजोड़

हाँ मगर आप सब पृथ्वी पर जितने
कोई अरब सवा छह थामकर
अपने हाथों में एक दूसरे के हाथ
हो जाएँ खड़े बनाते हुए कतार
तो एक नहीं, दो नहीं, पूरे बयासी बार
भर सकते सब पृथ्वी को बाँहों में अपनी

तब सब एक दूसरे का थामे हाथ
अपनी पृथ्वी को चूमते सबा छह अरब
न कोई मजबूत न कोई कमजोर
न कोई अघाया न कोई भूखा
न कोई डालर न कोई रुपया
न कोई न्यूक्लियर न कोई पत्थर

तब यह पृथ्वी सबकी जद में और सबकी जद में
मैं चालीस हजारवाँ किलोमीटर बयासी बार।

मोबाइल : पाँच प्रेम कविताएँ

1

उसके मोबाइल पर मैं बार-बार कॉल करता हूँ
उसका मोबाइल अब मुझे हमेशा बन्द मिलता है

दिन-दिन भर अपने हाथों अपना मोबाइल
उलटता-पुलटता उसके आखिरी कॉल को
देख-देखकर बढ़ते हुए दिन गिनता वह मुझे
अब फोन नहीं करती, कमाल कि उसने
अपना मोबाइल बन्द कर लिया सदा के लिये

मोबाइल की घण्टी बजने पर उसे उठाने से पहले
सोचता हूँ काश यह घण्टी उसी की हो
लेकिन अब कोई कॉल उसका नहीं होता

यह सोचकर मैं दिन रात कई-कई बार
उसका मोबाइल देखता हूँ लगाकर, शायद,
यह देखने के लिए ही सही उसने मोबाइल
खोला हो अपना, देखूँ तो सही उसके मोबाइल
बन्द कर लेने पर क्या हालत है मेरी
जैसा कि मुझे सबक सिखाने के लिए वह
हर बार करती थी और मैं हर बार उससे
आगे ऐसा न करने की कसम लेता था

आश्चर्य कि कभी उसके मोबाइल पर, रिंग
देने में देर हो जाने पर मुझ पर बुरी तरह
बौखला जाने वाली वह अपना मोबाइल
बन्द भी कर सकती है मुझसे बचने

लेकिन यह सच है कि उसने अपना मोबाइल
बन्द कर लिया है जो कभी मेरे यह पूछने पर
क्या जरूरी है कि मैं हर घण्टे तुम्हें फोन पर
रिंग ही देता रहूँ वह कहती थी नहीं यार
तुम नहीं समझते रिंग देने में तुम्हें
देर हो जाए तो मुझे लगता है
कहीं तुम मुझे भूल तो नहीं रहे, इतनी देर में
तुम्हारा प्यार कम तो नहीं हो गया मेरे लिए

जिस तरह तुम कहते हो न तुम्हारी शर्ट की जेब में
मोबाइल का होना मेरा होना है, ऐसा लगता है
जैसे दिल के साथ-साथ तुम धड़क रही हो
ठीक उसी तरह जब तुमसे दूर होती हूँ
बाइब्रेशन मोड पर रखे अपने मोबाइल पर आतीं
तुम्हारी घण्टियों के सहारे ही मेरी साँसें चलती हैं

मैं घर में सबके बीच चुपके से तुम्हें
पर्स के भीतर या अपनी हथेलियों के बीच
मोबाइल स्क्रीन पर थिरकता देख लेती हूँ

स्क्रीन पर तुम्हारे कोड वाय ए आर एच
मतलब याद आ रही है पढ़कर हँस देती हूँ या
गिनती के नौ, बारह, इक्कीस यानि
आई लव यू पढ़कर मुस्करा जाती हूँ

अपनी हथेलियों में थरथराता हुआ यह मुझे
पहली बार के तुम्हारे हाथ में अपने हाथ की तरह

धड़कता हुआ होता है महसूस, लगता है
भरी दुनिया में सबके बीच अपने हाथ में
तुम्हारा हाथ थामे मैं घूम रही हूँ बेफिक्र।

2

उसने सदा के लिए मोबाइल बन्द कर लिया है
और उसे बार-बार फोन लगाता मुझे लगता है
वह ऐसा कभी नहीं कर सकती बस किसी भी दिन
उसका फोन आएगा और मेरी बात को सच कर देगा
लेकिन यह भी सच है कि इस बार उसे अपना
मोबाइल बन्द किये उतना समय हो चुका है
जितना कभी नहीं हुआ उससे पहले

और मैं हूँ कि आज भी इतनी कूबत नहीं मेरी
कि मैं भी उसी की तरह गुस्से में आकर
अपना भी मोबाइल बन्द कर लूँ, आखिर मैं तो
अब तक कहता भी आया हूँ उससे, हमारे बीच
जो कुछ भी है वह सब बराबर है
तुम्हारा मोबाइल ऑफ तो मेरा भी मोबाइल ऑफ

लेकिन उसके अपना मोबाइल बन्द कर लेने से
उपजी खीज पर मैं खिसियाते हुए भी
उसकी इस बात पर अटका हूँ
जिसमें उसने एक रोज कहा था मुझसे
मैं तुम्हें फोन करूँ या न करूँ ये मेरी मर्जी,
मैं मोबाइल पर तुमसे दस-बीस रोज बात न करूँ
मेरा मन, मैं अपने मोबाइल पर आता
तुम्हारा फोन सौ बार काटूँ मेरी इच्छा

मगर ऐसा न हो कि तुम भी मेरी देखा-देखी
ऐसा करना शुरू कर दो, तुम भी

इतराना शुरू कर दो मेरी तरह,
सोचने लगो जब मैं तुमसे बात नहीं कर रही
तो तुम भी मुझे मोबाइल लगाकर क्या करोगे,
जब मैं तुम्हारा काल बार-बार काट रही हूँ
तो मैं लगातार कोशिश क्यों कर रहा हूँ

कहते होओगे तुम कि हमारे बीच सब बराबर है
होगा तुम्हारे लिए बराबर, मगर मैं तो
तुम्हारे आगे अपने को विशेष मानती हूँ,
और हमेशा खास ही बने रहना चाहती हूँ
और यह क्या कम कि मैंने यह नहीं कहा
तुम्हारे मोबाइल पर बस मेरा ही फोन आएगा
और इससे बस तुम मुझे ही फोन करोगे

मैं तुम्हें कभी भी मोबाइल लगा सकती हूँ
मैं तुमसे कभी भी मोबाइल पर बाँधो न नाव
इस ठाँव बंधु सुन सकती हूँ मैं ठीक आधी रात
तुम्हें नींद से जगाकर अपनी तारीफ करने की
कह सकती हूँ फिर तुम समझ लो ऐसे में
कभी मुझे तुम्हारा मोबाइल बन्द मिल गया
समझो खैर नहीं तुम्हारी तुम उसी दिन
मेरी दुनिया से अपनी प्यार-मुहब्बत बाँध लेना

बड़े आये मुझसे ये कहने वाले की एक मैं हूँ
जो दिन भर तुम्हारे मोबाइल की घण्टियाँ
बजाता रहता हूँ और एक तुम हो कि मुझे
एक बार भी मेरे मोबाइल पर रिंग देकर
मुझे याद नहीं करतीं, नहीं करती जाओ,
कमीने मुझसे प्यार करने की सोचो
बराबरी करने की नहीं, समझे।

3

अपने मोबाइल की स्क्रीन पर उसका नम्बर देखता
सोचता हूँ उसने तो अपना मोबाइल ऑफ कर लिया है
ऐसा तो नहीं वह मेरा मोबाइल नम्बर ही भूल जाय
जैसे मैं उसके मोबाइल का पिछला नम्बर भूल गया
नये नम्बर ने आकर उसे सदा को भुला दिया
कहाँ एक समय वह मुझे कंठस्थ था
अब मुझे उसकी शुरुआत तक याद नहीं

कहीं उसने अपना मोबाइल बन्द करने से पहले
यह सोचकर मेरा नम्बर डिलिट ही तो नहीं कर दिया
जब सब भूलना ही है तो नम्बर क्या याद रखना
क्योंकि वह इन दिनों मुझे भूलने की कोशिश में है
और मेरी कोशिश यह है कि वह मुझे न भूले कभी

हालाँकि ऐसा नहीं कि उसकी इस बड़ी कोशिश के
जो अभी तक जारी है लगातार, उसने
मुझे भूलने की कोई कोशिश नहीं की
इससे पहले भी उसने कई कोशिशें कीं लेकिन
या तो मैंने उन्हें विफल कर दिया या फिर वह
अपनी कोशिश में खुद ही विफल होकर
भय से पपड़ाये मेरे होठों पर आ गिरी

उसने कई-कई दिन अपना मोबाइल बन्द रखा
और मुझे उसके शुरू होने का इन्तजार रहा बेसब्र
वह कई दफा अपना मोबाइल यह कहकर
जब तुम ही मेरे नहीं तो मुझे इसकी क्या जरूरत
मेरे सामने पटककर चली गयी फिर दिनों तक
पास-पास हम दोनों के मोबाइल उदास बने रहे

उसने मोबाइल पर ही मुझे खरे-खोटे इतने
एसएमएस भेजे कि सबको एक जगह इकट्ठा कर
आकाश में उछाल दिया जाय तो दिन भर
बदली छायी रहे और बरसकर ही हटे,
इतने मीठे भेजे संदेश कि उनके आगे क्यूबा भर
गन्ने की मिठास भी पड़ जाए कम
उसने एक बार कहा यदि मैं तुम्हारी जीत हूँ
तो मुझ तक पहुँचने का रास्ता
लम्बी हार से होकर निकलता है

उदासी तोड़ने के लिए मैंने जब उससे कहा
दुनिया किसी की भी हो
मैं तो बस तुम्हारा हूँ जैसे तुम मेरी हो
वह बोली, हाँ यार हम जब अपनी पर होते हैं
जिसे हाथ बढ़ाकर तोड़ लिया जाए यह
उस काले जामुन से भी छोटी दिखाई देती है
और तुम ठीक कहते हो ढाई आखर पढ़ने के
बाद ही कोई मन को पढ़ पाता है

बरसात की उस रोज तो हद हो गयी
जब उसने मुझे बताया मोबाइल पर मेरा भेजा
यह संदेश पढ़कर इस बरसात में भीगते हुए
तुम्हारे घर के दरवाजे पर मैं एक गुलाब
रख आया हूँ तो वह सच समझकर
उसे उठाने दरवाजे पर जा पहुँची

लेकिन इस बार से कुछ कम मगर जानलेवा
मुझे भूलने की उसकी पिछली मोबाइल बन्दी के दौरान
जब मैंने उसे यह संदेश भेजा
ज्यादा खेलोगी तो टूट जाऊँगा और तुम्हें भी

नहीं बचा पाऊँगा, तब फिर लम्बे समय तक
न तो उसने अपना मोबाइल ही बन्द रखा
नहीं मुझे भूलने की कोशिश की नाकाम।

4

दिनों से अपना मोबाइल बन्द किये बैठी वह
कभी रात बढ़ते-बढ़ते मेरे मोबाइल का
इनबॉक्स भरती जाती तो मैं उसे मेसेज भेजता
अब सो जाओ मैं तुम्हारी नींद में आना चाहता हूँ
तब वह उस रात का आखिरी संदेश भेजती
आ रहे हो तो एक मिठुआ पान भी लेते आना

सोचता हूँ अब उसके बिना बुलाये उसकी नींद में
पहुँच जाऊँ, वहाँ भी उसके मोबाइल की तरह
उसकी नींद का दरवाजा बन्द मिले तो
क्या वह मेरे लिए अपने मोबाइल की तरह
अपनी वह खिड़की भी बन्द कर सकती है
जिससे होकर कोई किसी के भीतर पहुँच जाता है

जिसके रास्ते मैं अक्सर अपने आप को भी
छोड़कर उसकी रात में चला जाता था
और इस बात का पता मुझे भी तब चलता
जब वह बताती कल भी तुम मेरी नींद में आये थे
अच्छा, मैं आश्चर्य से उससे पूछता तो बताओ
मैंने इस बार तुम्हारे साथ क्या-क्या किया

हाँ और क्या तुम्हें उसके अलावा कुछ सूझता भी है
तुम्हें मेरी उदासी से क्या लेना-देना
जिसे उलीचती हुई मैं लगातार थक रही हूँ
अच्छा, मेरी आँख से जो आँसू गिरा अभी
अपने गाल से उँगलियों पर तुमने उठाया उसे

ये लगातार दूसरा दिन है
जब तुम्हारी आवाज मेरे भीतर नहीं रोयी,
नहीं हँसी, वह एसएमएस भेजकर बताती

वह बताती मेरी हँसी में हमेशा के लिये
कभी किसी छननी से न छनने वाला
रोना शामिल जाएगा और रोने में खुद पर हँसना
मैं ये भी जानती हूँ हम कभी नहीं जीतेंगे
क्योंकि हम हारने के लिए ही बने हैं

मैं कहता तुम इसी वक्त मेरे पास आकर
मेरी पीठ पर चाबुक बरसाओ, इतनी संवेदना,
इतना सच खुद पर ही सन्देह,
खुद से ही भय, ये तो मरना भी न हुआ
खुद को सड़ा डालना हुआ
हम भूल रहे हैं कि हमने धीरज नहीं खोया
तो हम यहाँ तक पहुँचे

कई बार ऐसा होता हमें अपने भीतर
बहुत ढूँढ़ने पर भी कुछ नहीं मिलता
अपने होने का अर्थ भी नहीं
भरोसा, धीरज, विश्वास, कल तक जो
हमारी सामर्थ्य होते वे हमसे दूर
भागने लगते, बल्कि हमसे भिड़ने लगते
हम अपने भीतर अकेले पड़ जाते

जो दूसरों के साथ अन्याय नहीं कर पाते
वे खुद के ही साथ अन्याय कर लेते हैं
खुद को अपने भीतर के अँधेरे में
बाँधकर पटक देते हैं, सोचता हूँ कहीं ऐसा ही तो
करना शुरू नहीं कर दिया उसने
मोबाइल बन्द कर लेना उसका सच हो

डरता हूँ खुद को पाने की कोशिश में
घोंसला छोड़कर पिंजरा चुन बैठी उड़ान
कहीं अपने पंख ही न गँवा दे, मेरी तरह
वह भी कभी लोहा काट ही न पाये।

5

उसने अपना मोबाइल बन्द कर लिया है और मैं हूँ
इस उम्मीद में लगातार उसके नम्बर पर
कोशिश किये जा रहा हूँ काश
किसी समय वह उठ जाए और मैं कहूँ
क्या यार उधर तुमने अपना मोबाइल
बन्द कर रखा है इधर मैं कितना परेशान हूँ

फिर वह हमेशा की तरह मुझसे कहे क्यों परेशान हो
क्यों तुम हमेशा परेशान ही रहना चाहते हो
मैं तो सोचती थी मेरे मोबाइल बन्द कर लेने पर
कुछ तो परेशानी दूर हुई होगी तुम्हारी
अब तो परेशान नहीं होना चाहिए तुम्हें
तुम्हीं कहते थे न मैं तुम्हें बहुत परेशान करती हूँ

क्या हम जिस बात को लेकर परेशान थे
वह दूर हो गयी जो तुम उसे मुझे बताने के लिए
परेशान हो, क्या हो जाएगा बात करने से,
क्या मोबाइल पर हमारे बात करना शुरू करते ही
वह हो जाएगा जो नहीं हो सका अब तक
जिसे चाहते-चाहते मैं टूट गयी

मैं नहीं कहती मैं अकेली ही सब चाहती रही
और तुमने कभी नहीं चाहा कि हो ऐसा
हम साथ-साथ भीग सकें उस बारिश में
सुबह जिसकी बूँदें हथेलियों पर लेकर

चेहरे से लगाने पर भीतर का सूखा मरता है
मेघों की थाप पर बारिश जो धुन रचती है
उसे भर सके अपने कानों में क्योंकि
हमारे लिए उसे बस बारिश ही रच पाती है

मगर अब क्या मतलब इस बात का कि
मैं सामने रहती हूँ तो तुममें हिम्मत रहती है
तुम खुद से भी लड़ लेते हो मेरी पीठ पीछे
तो तुम्हें कुछ नहीं सूझता अँधेरा और बढ़ जाता है
मेरा तुमसे कहना है अब अँधेरे में रहना सीखो
और मेरी तरह अँधेरे में मरना भी,
इससे पहले भी हम जिसमें जिये साथ-सांथ
वह अँधेरा ही था हम भले ही उसे अपने लिए
उजाला मानते रहे असलियत तो यह थी
कि उसमें कहीं रोशनी थी ही नहीं

मेरे सदा के लिए मोबाइल बन्द कर लेने से पहले
आखिरी बार जो तुमने मेसेज भेजा उसमें
तुमने मुझसे कहा वो दुनिया जिसमें मैं
पहुँच गयी हूँ हमेशा के लिए मेरी दुनिया नहीं
मुझे अपनी दुनिया में लौट आना चाहिए
उस दुनिया में जिसमें तुम रहते हो

मैं तुमसे फिर कहती हूँ हमारी वो दुनिया
जिसमें हमने एक दूसरे को खँगाल डाला
जिसमें हम एक और एक दो थे ही नहीं एक थे
हमारी दुनिया जैसी थी ही नहीं कुछ जिदें थीं
जिनके ठहरे पानी में एक दूसरे से लिपटे
पत्तों की तरह हम सड़-गल रहे थे
और एक दूसरे से दूर यहाँ भी ऐसा ही है
तुम्हें नहीं लगता प्रेम ने हमें जितना

पकाया नहीं उतना सड़ा डाला
मुझे खुद से बदबू आने लगी है और
तुम्हारे दिमाग में तो इसने इसे इस कदर
भर दिया है कि तुम ये तक मानने को
तैयार नहीं कि तुम्हारे लिए मैं अपना मोबाइल
बन्द कर चुकी हूँ हमेशा के लिए।

आरक्षण गली अति सांकरी

इन दिनों मैं अपने प्रेम को बहुत मुश्किल में पा रहा हूँ
उसे बचाना लगातार कठिन होता जा रहा है मेरे लिए
कागजों में मैं पिछड़ा कहलाता हूँ
मगर मैं जब पीछे मुड़कर देखता हूँ तो खुद को
दलितों से भी अधिक गया बीता पाता हूँ, सोचता हूँ
दलित से भी गया बीता हो सकता है कुछ तो लगता है
दलित से गया बीता तो दलित ही हो सकता है

मेरे लिए यह कोई बात ही नहीं मगर मेरे आस-पास के लिए
ये ईर्ष्या की बात है कि मैं पिछड़ा हूँ
और सवर्ण लड़की से प्रेम करता हूँ कठिनतम
और वह सवर्ण लड़की भी मुझसे उतना ही प्रेम करती है
उसने खुद को सौंपते वक्त भी कभी इस वजह से
रोकने की कोशिश नहीं की खुद को कि मैं पिछड़ा हूँ
और मुझे उसे सब कुछ नहीं सौंप देना चाहिए अपना
कुछ तो बचाकर रखना चाहिए अपने पास
ताकि रहे कुछ तो अन्तर बाकी उस वक्त मुझमें और उसमें

इन दिनों हमारे बीच जो विकट समस्या
आ खड़ी हुई है वह न तो उसके परिवार और समाज की
इस सनातन सवर्ण आपत्ति के कारण है
कि मैं पिछड़ा एक सवर्ण लड़की से प्रेम
करने की हिमाकत कैसे कर सकता हूँ?

मेरी हिम्मत तो उसकी तरफ आँख उठाकर
देखने की भी नहीं होनी चाहिए और मैं हूँ कि
उसे लिये दुनिया भर में डोलता हूँ

मात्र इस वजह से ही अब तक उन्हें मुझे पेड़ से
बाँधकर गोली मार देना चाहिए थी
या सबके बीच मेरा मुँह काला करके
जूते मारते हुए सरे राह घुमाना चाहिए था
मेरे घर में आग लगा देना चाहिए थी
मेरी माँ और बहनों से बलात्कार कर दिया जाना चाहिए था

और मेरे पिता और भाइयों की भी वही दुर्गति
करनी चाहिए थी जो इस प्रेम की वजह से
मेरी हो जानी चाहिए थी, संयोग है कि
अब तक ऐसा कुछ भी नहीं हुआ है मेरे साथ
हम दोनों बेधड़क प्रेम कर रहे हैं एक दूसरे से

जो समस्या हमारे बीच आ खड़ी हुई
है वह मेरी छोटी जात को लेकर नहीं
मेरी जात को दिये जाने वाले आरक्षण को लेकर है
जिसकी वह सख्त विरोधी है और मैं उसका उदार समर्थक
हम दोनों के बीच प्रेम के बाद दोनों की जरूरत ही है जो मुझे
आरक्षण का समर्थक और उसे विरोधी बनाती है
क्या चीज है ये जरूरत भी जिसके
बारे में किसी से ये अपेक्षा की जाए कि वह
अपनी जरूरतें कुछ कम कर ले,
थोड़ी मिल बाँट ले तो मुश्किल

मैं इन दिनों मुश्किल में हूँ और उसके
आक्रमणों से खुद को बचाने में ही लगातार
भिड़ा रहता हूँ, सबकी तरह जब वह भी कहती है

इस मामले में मेरे और तुम्हारे विचार
कभी नहीं मिल सकते, उन्हें रुपया पैसा दो न
ताकि वे प्रतियोगिता लायक बन सके
आरक्षण की जरूरत क्या है?

सालों में अकल है नहीं तो क्या करेंगे, देने से अकल
तो आ नहीं जाएगी, रहेंगे तो वहीं के वहीं
साले जूठन खोर, बगल से निकल जाए तो
देर तक चमड़े की गन्ध नहीं जाती
जब इतने आक्रामक होकर आरक्षण विरोध
और उनके बारे में वह बोल रही होती है मुझे लगता है
पता नहीं आज से मुझे ये चूमेगी भी या नहीं

ऐसे ही डॉक्टर बनेंगे तो मरीजों को क्या होगा
बताओ अब तुम बताओ
तुम्हारे पास इस बात का कोई जवाब है
तब मैं डरते-डरते उससे कहता हूँ
मगर किसी दलित डॉक्टर ने तो किसी मरीज के पेट में
आज तक कैंची या तौलिया नहीं छोड़ी
तब वह और गुस्साते हुए कहती है
साले सर्जन बन पाये तब न

यही तो मैं तुमसे कहना चाहता हूँ कि मैंने
किसी दलित डॉक्टर सर्जन के बारे में नहीं सुना
फिर कौशल तो अभ्यास से पैदा होता है भाई
अच्छा बड़ा पक्ष ले रहे हो उनका, मगर आगे वह
कुछ नहीं कहती, मगर मैं डरता हूँ जो आज तक
उसने नहीं कहा किसी दिन वो ये न कह दे
पक्ष क्यों नहीं लोगे
आखिर तुम भी तो उन्हीं में से एक हो न

पता है ये अफसर भले ही बन जाते हों
मगर नीति निर्धारण में कोई इन्हें पूछता भी नहीं
साले एक तरफ चुपचाप बैठे रहते हैं
कुछ कहते भी हैं तो डपट दिया जाता है
अरे साहस और समझ आरक्षण देने से नहीं आ जाती
परम्परा से आती है और परम्परा तो होती है बस
बाजार में नहीं मिलती समझे, साले नीच हरामखोर
हरामी, हम मारे जा रहे हैं, हम पढ़-पढ़ के मरे
और इन्हें बिना कुछ करे धरे ही सब हासिल

तब तो ये और भी बुरा व्यवहार होता है उनकी आवाज
हर जगह दबा दी जाती है तो क्या मतलब उन्हें
आरक्षण की जगह रुपया पैसा दिये जाने का
वे हमारे ही लोग हैं भाई
वह तमतमा कर कहती है बने रहें हमारे लोग
आरक्षण नहीं होना चाहिए तो नहीं होना चाहिए बस
समझे इस मामले में सब बराबर इन्हें सुविधा दो
रुपया पैसा दो और कहो सबके बीच आएँ और
खुद को साबित करें समझे, जब मैं कहता हूँ नहीं यह
ठीक नहीं तो वह तमतमा कर कहती है क्यों ठीक नहीं

अरे भाई अब तुम्हीं बताओ देने वाले भी तुम
लाठियाँ भी तुम्हारी और दूसरे तरफ वे नंगे निहत्थे निर्धन
इतना सुनते ही वह भड़क उठती है
अच्छा वे नंगे निहत्थे हैं तो क्या हमारी वजह से हैं
अपने कर्मों की वजह से हैं साले नीच

क्या हम सवर्णों में गरीब नहीं होते
क्या अकेले वे ही निर्धन हैं
तब मैं उससे कहता हूँ कौन कहता है
सवर्णों में कोई गरीब नहीं होता है

मगर एक बात बताऊँ सवर्णों में गरीब तो होते हैं
मगर वे गरीब दलित नहीं होते
वे गरीब नीच अछूत और हरिजन नहीं होते
वे गरीब होने के बाद भी सवर्ण ही होते हैं

मैं चुपचाप देर तक उसकी बात सुनता रहता हूँ
फिर देर तक मेरे और उसके बीच खामोशी
पसरी रहती है मगर मैं भीतर ही भीतर सकपकाता रहता हूँ
कहीं वह आज के बाद मेरा तुमसे कोई रिश्ता नहीं
यह कहते हुए अपना बैग उठाकर चल न दे

उसके तमाम विरोधी तर्कों कुतर्कों को लगातार
झेलने के बीच जब मैं कहता हूँ
अच्छा सुनो जहाँ तक आरक्षण विरोध का
प्रश्न है वह मेरे आगे तो ठीक
तुम यह विरोध राज्य प्रशासनिक सेवा की परीक्षा
जिसकी तैयारी में तुम पागल जैसी हो में
दर्ज मत कर आना समझे
वहाँ शासन की मंशा के अनुसार ही दिखना

हाँ वो तो मैं समझती हूँ मुझे बार-बार बताने की जरूरत नहीं
मगर आरक्षण नहीं होना चाहिए तो नहीं होना चाहिए बस
इस मामले में मेरी और तुम्हारी
समझ कभी नहीं मिल सकती

आरक्षण को लेकर उसके भीतर से बहकर
बाहर निकलती नफरत में मैं कई दफे
उड़ते-उड़ते बचता हूँ
जब भी बचता हूँ बचते हुए जरा
कबीर के कहे को इस तरह कहना नहीं भूलता
आरक्षण गली अति सांकरी जामे प्रेम फँस जाय।

झूठ

यह झूठ है तो भी मेरी गति में
इसने अपनी जगह बना ली है
ऐसा झूठ जो दुनिया में जुबान से अधिक
लोगों की आँखों से बोला गया है

दुनिया सबकी हो सब इसे सबकी माने
यह झूठ है तो मेरी तरह इसे
कौन नहीं बोलना चाहेगा

वह तो इसे बार-बार दोहराना चाहेंगे
जिन्हें यह लगता है यह दुनिया
उतनी उनकी नहीं
जितना इसे होना चाहिए उनका

झूठ ही तो था जो ढह गया
जो ढह गया वह झूठ रहा होगा
यह झूठ तो लगातार
अपने बोले जाने को अभिशप्त है

सूर्या सावित्री*

विवाह की वेदी तक पहुँचने से पहले
और उसके बाद भी उन्हें कभी
बताया ही नहीं गया उसके बारे में

उन्हें तो बस उस सावित्री के बारे में
बताया गया जो यमराज से
वापस ले आयी सत्यवान के प्राण

क्यों छुपाई गयी स्त्रियों से हमेशा
सूर्या सावित्री की पहचान
क्यों नहीं बताया गया उन्हें,
तब से उसकी लिखी ऋचाएँ अब तक
विवाह मण्डप में गाई जातीं लगातार

जिसने तब पिता द्वारा चयनित
सोम को अपनाने से कर दिया इंकार
और अपने सहपाठी पूषा को चुना
साथ बिताने के लिए अपना जीवन

---

*विवाह सूत्र ऋगवेद के दसवें मण्डल की सूक्त संख्या जिसमें 47 मन्त्र हैं। इन मन्त्रों की रचना सूर्या सावित्री नामक एक किशोरी ने अपनी शादी के लिए की। सूर्या नाम की यह कन्या सविता मुनि की बेटी होने की वजह से सूर्या सावित्री कहलाई।

क्या बस इसीलिए विवाह की वेदी के आगे
वचन हारतीं स्त्रियों को नहीं बताया गया
उसके बारे में कि कहीं उनमें से कोई
या कई पिता द्वारा चयनित वर से
न कर दें विवाह करने से इंकार
और कहें नहीं पिता पसन्द भी मेरी होगी
और सूर्या सावित्री की तरह शर्तें भी मेरी।

चकबारा*

मेरे बारे में जानकर आपको उबकाई आ सकती है
हो सकती है मेरे नाम से आपको घिन

पानी से भरा पूरा चकबारा गाँव का
मैं एक विवश तालाब अब उतना खरा नहीं रहा
जितने कि तालाब रहते आये अब तक

बस दबंगों के ही सही मवेशियों को पानी पिलाते
मेरा मान उस समय और बढ़ गया जब दलितों ने भी
अपने पीने के लिए शुरू किया मुझसे पानी लेना

मगर वे जो मुझे माने बैठे थे बस अपना
उनसे नहीं हुआ सहन आखिर उनके मवेशी
और दलित कैसे पी सकते पानी मेरा साथ-साथ

जब वे नहीं रोक सके उन्हें मुझसे लेने से पानी
पता है उन्होंने क्या किया, उन्होंने मेरे पानी में
इतना गू उँड़ेल दिया लाकर कि न तो वह
दलितों के पीने लायक बचा न मवेशियों के।

---

* चकबारा : राजस्थान का एक गाँव।

रामपथ : तीन कविताएँ

1

धर्मपथ पर चलने में उनकी कोई रुचि नहीं
जनपथ पर चलने में उन्हें दिक्कत होती है
जनपथ से बड़ा धर्मपथ कौन सा?
राजगद्दी पर अपनी आँखें गड़ाये
अब वे रामपथ खोजेंगे

वे नहीं खोजेंगे वह पथ जिस पर बढ़ते हुए आगे
कोई दबंग अराजकता नहीं कर सके हिम्मत
किसी दलित विवशता को
सरे गाँव नंगा घुमाने,
उसके मुँह में गू भर देने,
उनके झोपड़े सुलगाने और
उन्हें ज़िन्दा जलाकर राख बनाने की

वे नहीं ढूँढ़ेंगे ऐसा पथ जिस पर चलते हुए
कोई छोटा सा खेत, खलिहान छोटा सा
सूद के भय से-खुद को न चढ़ा ले फाँसी
दिन भर कहीं खटता हाड़-मांस
शाम घर लौटे तो कम से कम
इतना तो हो थैले में उसके
भर सके वह घर का भीतर को सिकुड़ा पेट

वे नहीं खोजेंगे एक पथ ऐसा जिस पर
विचरते हुए एक पहचान भूलकर विगत
दूसरी से मिल सके गले
एक संख्या बड़ी, छोटी सी संख्या को
बिठाकर पूछ सके तू इतनी डरी हुई क्यों मेरे रहते
क्यों तू इतनी उदास मैं बड़ी तो
जिम्मेदारी भी मेरी बड़ी

वे नहीं तलाशेंगे मन उस लोक का पिछले
साठ साल से जो चुपचाप चलता जा रहा
उस पेटी के पीछे जो देखते देखते उसके
एक मशीन में हो गयी तब्दील
कि उसको कितनी जरूरत लुप्त इस रामपथ की

धर्मपथ पर बड़े-बड़े गढ्ढे उन्हीं के किये जिन पर
नहीं चल पाता कोई बिना गिरे, खाये बिना दचके
जनपथ पर उनका पक्का दुश्मन संविधान
न धर्मपथ न जनपथ उनके लिए
जो राजपथ में आसानी से हो जाए तब्दील
वे अब ऐसा रामपथ खोजेंगे

2

रामपथ की करते हुए खोज वे नहीं खोजेंगे
इस पथ पर कदम-दर-कदम बिछी वह छाँव
जेठ दुपहरी भी सूरज नहीं बेध पाया जिसे
रह गया पहुँचने को भू पर छन-छन कर विवश
कहाँ चली गयी? कौन चुरा ले गया
जहाँ तक चल सकें कदम वहाँ तक उगा हरा

उस दहाड़ ने क्यों साध ली चुप्पी
वह धारियोंदार पीली पहचान उस पथ की

किस-किसकी बैठकों की दीवारों पर जाकर
टँग गयी विवश वह गूँज जो अन्ततः
उससे बचने को व्यग्र कुलाँचों को भर ही लेती
मुँह में अपने, कौन लील गया वह 'संसार'

वह कल-कल कहाँ सूख गयी जो गवाह
इस किंवदंती की कि खोजा जा रहा
आज पथ जिस राम का उसे
इसमें चलती नावों में से किसी एक में
बिठाकर केवट ने उतारा उन्हें पार
केवट और राम के बीच की वह सरस्वती
सीता की तरह कहाँ समा गयी धरती में

वह बन पथ की स्वामिनी शबरियाँ
क्या वह बस मिथक थीं, नहीं थी तो उन्हें
किसने खदेड़ दिया उस जीवन से
कब-कब कौन आया अपनी जीप पर सवार होकर
उनसे दारू, मुर्गा की माँग करने
जबरदस्ती उन्हें रौंदते, खसोटते हुए
उनके पेट में अपना बीज डालने
इस पथ के उन स्वामियों को बेदखल करने

वे नहीं खोजेंगे यह इस पथ के रहवासियों को
बनकर रहबर किसने लूटा वे जिन्होंने उजाड़ा
इस पथ से उस जीवन को कहीं वह भी उनमें से
एक तो नहीं, कहीं उनका भी चेहरा
इस पथ के उन आदिवाशिंदों के कातिलों,
हत्यारों और आतताइयों से मिलता तो नहीं

इस पथ के बारे में कोई नहीं दे पाएगा जवाब
उस पथ की आदिदुनिया ने क्यों उठा ली बन्दूक
क्यों कर लिया अपनी पहचान को लाल?

3

रामपथ की खोज में जब वे निकलेंगे रास्ते में
उन्हें मिलेगा सब बदला-बदला, रास्ते में उन्हें
बड़ी-बड़ी इमारतें मिलेंगी जो जगमगा रही होंगी
घुप्प अँधेरे में भी, मिलेंगे बड़े-बड़े बँगले
जिन्हें देखकर वे होंगे खुश,
जिन पर लगी होंगी बड़े-बड़े लोगों के
बड़े-बड़े नामों की तख्तियाँ उनमें कुछ उनकी भी
मगर इनके अगल-बगल बसी दरिद्रता देखकर
वे चिढ़ जाएँगे, वे आपस में कहेंगे लकदक
यह इमारतें तो ठीक मगर इस पथ पर
जिससे राम गये होकर इनका क्या काम

वे रास्ते में चल रही बड़ी-बड़ी योजनाओं
निर्माणों, खननों और उत्सर्जनों को देखकर
खुद को देंगे शाबाशी और उनका काम देख रहे
ठेकेदारों, अभियंताओं और अधिकारियों से
हँस-हँस कर मिलाएँगे हाथ मगर वे उन कामों को
बड़ी संख्या में कर रहे मजदूरों की तरफ
नजर उठाकर देखेंगे तक नहीं जबकि वे उस पथ
के प्राचीन जन जिसकी खोज में निकले वे अब

वे कहेंगे अरे इस रास्ते पर इन ढाबों, ठेलों,
रेहड़ी-ताँगों, रिक्शों और फेरी वालों का क्या काम
इन्हें हटाओ यहाँ से इन सरकारी स्कूलों में बच्चे
और अस्पतालों में मरीज नहीं आते तो
शिक्षक, नर्सें और चिकित्सक क्या करेंगे आकर,
इन्हें बन्द कर दो सरकार भी
अब थक गयी है जन कल्याण करते-करते

कुओं, सरकारी हेण्डपम्पों में पानी नहीं तो पानी के लिए
चिल्लाते इन अनागरिकों से कहो वे खूब कमाएँ और
बोतल बन्द पानी पियें, पैसों की तो अब कोई कमी नहीं
बस डटकर कमाइये और जमकर खाइये
देखो किस कदर पूरी दुनिया से पैसा चला आ रहा है
हमारी तरफ बहकर, अब क्या कमी,
अब काहे की गरीबी और कैसी भुखमरी
जिसकी जितनी सामर्थ्य वह उतना जेबों में भर ले
सब के लिए सब खुला है, जो न भर पाये वह अभागा

रामपथ की खोज में निकले, वे सोचेंगे, अरे,
इस सीधे, सुन्दर रास्ते पर ये कैसे, मन ही मन बुदबुदायेंगे
यह तो इस रास्ते में ठीक नहीं, लगता है किसी रात इसे भी
ठीक उसी तरह हटाना पड़ेगा जैसे रातोंरात
बली दकनी को हटाया हमने गुजरात में।

रक्त

हमारे पीछे भागते-भागते थक चुका है
दौड़ते-दौड़ते घिस चुकी हैं उसकी एड़ियाँ,
सदियाँ हुईं ऊपर-नीचे होते, टूटकर
चकनाचूर हो चुके हैं उसके घुटने

वह नसों से बाहर निकलकर
धरती पर गिरना, सूखना, और इस तरह
मिट्टी में मिलना नहीं चाहता

हमसे ज्यादा जीने की
कोई तमन्ना नहीं उसकी
बस वह हमारे मरने से पहले
हमारे लिए नहीं चाहता मरना

अपने भीतर अँधेरी शिराओं में बहते उसी से
पूछ लीजिए वह ऐसा क्यों चाहता है?

नब्बे लाख*

मैं और वे जो रोटी खाते हैं
उसमें नब्बे लाख गुना अन्तर है
क्या मेरी और उनकी रोटी
नस्ल में अन्ततः रोटी ही है

गणना में उनसे नब्बे लाख गुना कम
मैं अपने मेहनत की गन्ध से परिचित हूँ
उनके पसीने का कोई स्वाद होगा?

मैं उनसे नब्बे लाख गुना कमतर
बिस्तर पर सोता हूँ नब्बे लाख गुना
कमजोर घर में बिताता हूँ अपना जीवन
मेरे बच्चों की तुलना में उनके बच्चे
नब्बे लाख सीढ़ियाँ ऊपर खड़े हैं

चाँद मेरी तुलना में उनके
नब्बे लाख गुना करीब है
वे जब चाहें उसे चूम सकते हैं।

---

*भारत के सबसे गरीब और सबसे अमीर आदमी के बीच नब्बे लाख गुना अन्तर है।

पुराने कपड़े

कपड़ों की अलमारी में मेरी
अपने नये घरों के पते रखकर
चले गये हैं पुराने कपड़े

पहनने के लिए पसन्द की कमीज
जो मुझ पर फबती थी खूब
अलमारी खोलता हूँ मुझे उसकी जगह
उसका छोड़ा नया पता मिलता है
सोचता हूँ बारी-बारी उनसे
जाकर मिलूँ उनके नये पतों पर
उनसे पूछूँ कैसे हैं वे वहाँ

क्या वे अब भी उतने ही धुले, साफ-सुथरे
इस्त्री किये हुए अपने नये घरों की
कपड़ों की अलमारी में रहते हैं
क्या उन्हें अब भी ठीक मेरी तरह
बहुत सँभालकर रखा और पहना जाता है

ज्यादा गन्दे हो जाने के डर से
क्या वे वहाँ भी एक दिन से ज्यादा
नहीं पहने जाते मैल धूल और पसीने को
ढोते हुए उन्हें धुलने के इन्तजार में
दिनों तक तो नहीं पड़े रहना पड़ता
क्या वे वहाँ भी दूसरे ही दिन धुल जाते हैं

साफ न धुल पाने पर क्या वहाँ भी
उनके पीछे किसी को डाँट खानी पड़ती है
रंग न उड़ जाय इस डर से क्या वहाँ भी
धोने के बाद उन्हें छाँव में
सुखाने की हिदायत दी जाती है
क्या वहाँ भी कीज सही नहीं जम पाने पर
प्रेस वाले की यह कहते हुए
खाल खिंचाई की जाती है तुम्हें याद है न
पिछली बार तुमने एक टी शर्ट जला दी थी
जिसके हमने तुमसे पैसे तक नहीं लिये
इसके बाद भी हमने तुम्हें नहीं बदला
प्रेस ठीक से किया करो समझे

और तो और क्या वहाँ भी उन्हें
पहनने और पहनकर घर से बाहर
निकलने से पहले अलमारी से चुना
और दसियों बार पलटकर आईने में देखा
न जमने पर उतारा और बदला जाता है

क्या उन्हें पहनकर वहाँ भी उनका महँगा होना
महसूस किया और जताया जाता है
क्या वे जो नये पतों पर उन्हें पहन रहे हैं
उन्हें उनके बारे में ये बात पता है कि
बमुश्किल इन्हें दो तीन बार ही पहना गया है
कई को तो एक बार पहना गया तो
फिर दोबारा उसके पहनने का नम्बर ही नहीं आया
और इस दौरान वह नये पतों पर भी जा पहुँचे

सोचता हूँ उनके छोड़े उन पतों पर
जो अधिकतर मेरे पहचाने हुए हैं
कभी तो उनसे मिलूँ जाकर उन्हें देखूँ जरा

कि मुझसे दूर किस हालत में हैं वे
मगर हर बार रह जाता हूँ बस सोचकर

हर बार रह जाता हूँ डरकर
कहीं ऐसा न हो वे मुझे वहाँ मिलें
मस्ती मारते, ठहाके लगाते बेझिझक
और उन्हें ठिलठिलाते देख यह सोचकर
तो क्या वे खुश नहीं थे मेरे संग
मैं उन्हें देखकर भर उठूँ खीज से

वे मुझे मिले वहाँ दो-दो तीन-तीन दिन
पहने जाने के बाद भी
मैल और पसीने से लबालब मुस्कराते हुए
जिन्हें मैंने घर में ही पहनने से कर दिया इंकार
वे मुझे वहाँ मिले ब्याह शादी से लौटते बिंदास

इसके बाद भी कि उन्हें न तो सहेजकर
रखे जाने के लिए मेरे घर की तरह
अलमारी हो नसीब न उसके भीतर पहने जाने की प्रतीक्षा में
लटके रहने के लिए हैंगर
वे वहाँ टँगे मिले खूँटियों पर
एक के नीचे एक दबे नये पुराने धुले मैले
फिर भी हो उनके चेहरों पर चमक

पहनने वाले के हाथों उन्हें वहाँ खुद ही धोया
और खुद ही पहना जाता हो कभी कभी तो
पहनने के ठीक पहले उन्हें धोया सुखाया
और पहना जाता हो बिना इस्त्री के
इसके बाद भी वे मिलें मुझसे अधिक
उनके व्यक्तित्व पर इतराते

घबराता हूँ कहीं ऐसा न हो मैं जब
उनके नये पतों पर पहुँचकर उनसे पूछूँ उनका हाल
यह सोचकर अब मैं उनका क्या बिगाड़ लूँगा
अब मैं उन्हें वापस माँगने से तो रहा
वे मुझसे कहें यहाँ हम खूब अच्छे हैं साहब
बहुत अच्छा हुआ जो आपने हमें बहुत जल्दी
पुराना मान लिया और हम यहाँ चले आये

आपके यहाँ तो हालत यह थी कि हमें
महीनों अलमारी में ही पड़े रहना पड़ता था
हम वहाँ इतने और इतने सारों के बीच थे
कि दम घुटा जाता था दक्षिण एशिया जैसी
अलमारी और उसमें लगातार बढ़ते हम

वहाँ लगातार नये आते थे और उन्हें
भीतर आता देख बाहर निकलने को आतुर
हम सहम जाते थे हम भी चाहते थे
हमें भी पहना जाए लगातार कि हम
पहने जाने के लिए ही बने हैं
कि हम कारखानों में उन कारीगरों ने बनाया है
जिनके बदन पर हमारी बहुत कमी है

यहाँ हमें पहनकर न तो खुद को अलग
समझा जाता है न ही इतराया जाता है
हम कितने महँगे हैं ये पहनने वालों की बला से
यहाँ तो हमें खूब पहने जाने से मतलब है

और तो और हमें यहाँ यह बोझ भी नहीं सताता
कि जो लोग हमें यहाँ पहन रहे हैं
हमें उन्हीं का हक मारकर पचाये गये
रुपयों से खरीदा गया था।

सवारा*

तेरी ये कैसी वीरता मेरे वीरन
अपने नाम के लिए
ले लेता तू किसी की जान
और जान बचाने के लिए अपनी
सवारा में मुझे सौंप देता
ज़िन्दगी भर दुश्मन के यहाँ खपने

मेरे वीरन हाट बाजार से बिना झगड़े
लौट आना, लौट आना ओरे बापू
बिना मरे-मारे चौक चौबार से घर वापस
वीरन तेरी उँगली पकड़कर चली मैं
बापू तेरे कन्धे चढ़कर खेली मैं

देख हो न जाए तेरे हाथों कहीं अनर्थ
गुस्से में तू एक नहीं दो-दो
हत्याएँ कर बैठे जिसमें एक मेरी भी

पता नहीं फिर सुलह के बदले
जो तुझसे ले जाए मुझे अपने यहाँ
वो मुझे अपने घर कैसे रखे

***सवारा :** पाकिस्तान के कबाइली समाज का एक रिवाज जिसमें बाप भाई चचा किसी का कत्ल कर दे तो उसको माफ कराने के लिए कातिल के घर की बेटी बहन या भतीजी मकतूल के किसी करीबी रिश्तेदारों को ब्याह दी जाती है।

सबके आगे क्या कहकर पुकारे
क्या कहकर दिखाये मुझे सबको
मैं वहाँ कैसे जियूँ और कब मरूँ

अपने जूतों की चरर मरर करता
वह जब भी उतरे मेरे भीतर
अपनी मूँछें मरोड़ता हुआ ही उतरे

कहना

मेरा आपसे कहना है कृपया
मेरी कतई जी हुजूरी न करें

नहीं निपोरें मेरे आगे अपने खीसे
नहीं झुकें मेरे आगे इतना कि मेरी इच्छा
तुम्हारी पीठ पर सवारी करने की होने लगे

मेरे किसी फूहड़ चुटकुले पर
नहीं हँसें जबरदस्ती उपदेशक की तरह
मेरे किसी अनुभव को
नहीं दें अनुयायियों जैसा भाव

इस सबके बिना भी रहने दें मुझे
इस सबके बिना भी
करके देखें मेरी नजदीकी

मेरी हर बात पर हरदम जी हाँ या
ठीक है, कहना ठीक नहीं
हरदम सही नहीं कहता मैं भी
अपना कहा सुनाई देता है मुझे भी।

कल

इतनी व्यस्तता कि हर रोज कल को जमाता
कल के खाली खाने में
निकलने से पहले जैसे जमता कोई बैग

काम के हिस्से के सुपुर्द करता
कल की सुबह दोपहर भोजन के बाद का समय
टाँकता किसी के नाम और शाम
तय करता कहीं पहुँचने के लिए

कल को कुछ इस तरह बाँधता कसकर
जैसे मेले पहुँचकर मनिहारिन
जगह पर खोलने के लिए
बाँधती अपनी पोटली का मुँह
या समय को समय से
चलाने के लिए तत्पर विज्ञान घड़ी

मानकर चलता जैसे कल मेरी मुट्ठी में
जैसे मुँह की मुट्ठी में दाँत

मगर कल क्या किसी आज्ञाकारी
अर्दली की तरह विवश
मानने को मेरी हर बात
वह किसी उद्दंड बालक की तरह

उठता सोकर मुझसे पहले
और ढूँढ़ते हुए अपनी चप्पलें
अपनी गेंद, इधर-उधर रख देता
मेरी जमाबट के हर हिस्से को बिथोलकर।

कहना

तुम्हें कहना नहीं आता
कहने क्यों चले आये
पहले कहना सीखो
फिर अपनी बात कहना

जिनके पास कहने को है
जो कहना चाहते हैं
जिन्हें कहना नहीं आता
मैं उनमें से एक हूँ।

गरीब देश : दो कविताएँ

1

आपके दिये इस नाम ने मुझे
अपना असली नाम भुला दिया है

आप मेरे लिए सहायता भेजते हैं
डालर मंजूर करते हैं पीछे-पीछे
आपकी कम्पनियाँ चली आती हैं

मुझे जबरदस्ती हथियार बेचकर
भाग जाती हैं आपके भेजे डालर
मैं रोटियों में नहीं बदल पाता हूँ
मेरा खाली पेट मेरी पहचान है
और मेरी भूख मेरी गाथा

मैंने बरसों से भर पेट नहीं खाया
बहुत कमजोर हूँ मैं, जो आपकी कम्पनियाँ
मेरे हाथों में थमा जाती हैं
उन बन्दूकों को पकड़कर
मैं खड़ा तक नहीं हो पाता हूँ

2

आप मेरी भूख से ज्यादा
मेरी बीमारी पर बात करते हैं

मुझे कौन सी बीमारी है
यह भी आप ढूँढ़ लेते हैं
बीमारी में मेरी जरूरतें
क्या होंगी ये आपकी
कम्पनियाँ तय कर लेती हैं

हवाई जहाजों में भरकर दवाइयाँ
आती हैं और मेरे मुँह में
ठूँस दी जाती हैं मैं उनमें रोटियाँ
और बच्चे दूध बिस्कुट ढूँढ़ते हैं

मैदान और गलियाँ गर्भनिरोधकों की
एक्सपायरी से भरे पड़े हैं मेरे

हथियारों की जगह जो
रोटियों से हल हो सकती है
मेरे भीतर फैली वह लड़ाई
तुम्हें नजर ही नहीं आती

मिलना : पाँच कविताएँ

1

नहीं चाहता वह मिलने आये
वह मुझसे मिलने आ रही
डर, उसे लेकर जो मेरे भीतर
रहा चल, कहीं न हो जाए वह

यह हाल तब से, उसे बताया
आ रहा मैं वह बोली तपाक
हाँ तुमसे मिलूँगी, पहुँचते ही
करना फोन, तुमसे कुछ काम

चाहता, आकर मिल ले वहीं
जहाँ सबके बीच मैं, वह
इस बात पर अडिग उसे
मिलना वहीं जहाँ
मैं सबसे ज्यादा विचलित

जिस वजह मिलना चाहती वह
उसमें न उसमें दिलचस्पी मेरी,
बस बात क्या वह मुझसे?
या यह बस दिमाग का फितूर

फोन पर बोलती बस कुछ देर

और हमारी मुलाकात, अभी तो
बहुत समय हमारे पास
मेरे टालने पर कहती वह

क्या यह एक और, जब
मैं कर चुका तय, नहीं,
बिना यह जाने, क्या वह
चाहती, खुद को रोक लूँगा
बढ़ने से उस तरफ, जब
यह मेरे लिए नहीं सम्भव

उसकी पसन्द, जैसे कोई मेरी
चाहती मेरे साथ जैसे मैं
चाहता किसी के, चाहती
और चाहती बढ़ लेना आगे
जैसे चाहता मैं भी
कभी किसी, कभी किसी के

मानने को तैयार नहीं कतई
उसके आने के पीछे
कारण एक नहीं यही
बस यही, बस यही, बस यही,

अच्छा अब तक वह आयी नहीं
अच्छा वह न आये
अच्छा वह आ जाये
अच्छा जो होना हो जाये

2

क्या मेरे साथ उसकी इच्छा
उतनी पुरानी जितनी
उससे मुलाकात, और मेरी

जितनी इच्छा बचने की

तब क्या बार-बार कहती
वह इसीलिए चलो चलें
यहाँ से वहीं जहाँ मैं दिखा
सकूँ खुद का सक्रिय

बता सकूँ कुछ ही नहीं
मैं भी इसमें शामिल जिसमें
नाम लिये बैठे तुम और तुम
और तुम तुम तुम

या यह सब बस मेरा भ्रम,
उस दुनिया में जिसमें वह,
चाहती मुझे पाना,
मेरे आगे खुल जाना

ठीक मेरी तरह मेरे आगे
अपनी इच्छा कर देना प्रकट
भूलकर यह सब कि मेरे
मेरे मन में भी यह गुमान

उसके लिए यह आसान
मेरे भीतर ही ऐसा क्या
सिवाय मेरे होने के
मगर वह चाहती, चाहती
शायद हाँ, शायद ना

क्या उन इच्छाओं से वह
मेरी तरह भरी-भरी,

मेरी तरह वह मुझे
देखकर खौलती, खदबदाती,
इसके लिए उसके अन्दर
साहस उतना, अपने भीतर
पाले मैं जितना
मैंने किया ऐसा कुछ बार

तो वह अब तक असफल,
कई बार की तरह, मेरी
और मैं ठीक किसी की तरह
बच पाने में अब तक सफल

इच्छा को जाने बिना उसकी,
इच्छा को आने की, इच्छा
मानते हुए उसकी, इच्छा
मन में तूफान यह, अब तो
मन में न हो तब भी उसके,
यह उसकी इच्छा हो जाए

3

समय हुआ जाता, कभी भी
बजकर घण्टी कमरे की
दे सकती धमकी उसके
आने की, चाहते हुए भी न,

क्या करेगी वह आकर
समय तो कम मेरे पास
बता भी चुका उसे, पर
करने के लिए कुछ
समय का टुकड़ा भी बहुत

क्या उसे यह अहसास
मैं भी उसके लिए ठीक
उसकी तरह तैयार तब
कहने को बचता क्या
तब भी बिना कहे तो तेजी
होती उनके साथ जो
इसी तरह चुराते अपने लिए
एक दूसरे का साथ

वे जो जानते एक दूसरे
का भूगोल, भाषा
रसायन शास्त्र, वे
कर चुके होते अपने
बीच की पाइथागोरस हल

होते एक दूसरे के थूक
से परिचित, उनकी जीभ
उतनी माहिर कि वह
एक दूसरे की पीठ पर
खुद का लिखे बिना नाम
कभी रुकती नहीं तर्रार

दौड़ते मिलकर ऐसा खूब,
समय कितना भी छोटा
वे उसमें लगा ही लेते
चक्कर, थककर

उसका मिलना इसी वजह
क्या तब हो सकेंगे हम
एक दूसरे के लिए बेसब्र
पहले से बिना चखे एक

दूसरे का पसीना और प्रेम

अपरिचय कहाँ जाएगा
संकोच कुछ कहेगा, झिझक
कितनी देर में टूटेगी, डर
भाग जाएगा खुलते ही

देर हुई आते-आते उसे
हाँ, ना, मैं सोचता जिसे

4

वह आएगी और आते ही
होगी शुरू, न कोई बात
न हाल, समय कहाँ पास
जिसमें कर सकें बात

चाहता जो मैं देख होते
सँभलूँगा कि, खोल लेगी
मुझे विकल, और देगी
होठों को मेरे अपना रंग

रख देगी अपने, मेरे मुँह
अपना उतना हल्का हाथ
जिसके वजन से दबकर
रह जाए मेरी ना, आवाज

कहना होगा यदि कुछ
कहेगी उसकी देह, चलती
तेज-तेज धधक साँस
भागती धड़कन बेतहास,

अनुनय, विनय, चिरौरी
पोट, पुचकार, प्रतिकार, बेकार
देगी वह मुझे वह मौका
ढूँढ़ने का अपनी अनिच्छा,
रोकने का उसकी इच्छा

देते ताल पर उसकी ताल
सक्रियता पर लजाने
बढ़ते जाने, भूलने
आने पर उसके, उसके
आने से पहले की ना,
देगी वह करने बात, याद

उसकी लौ बिना पहचाने
बिना तचे उसकी आँच
मैं उबलता, रिसता सोचता
अब तो वह आ जाये,
ना हो, अब भी भले मेरी
वह आये और जरूर आये

अब तक आयी नहीं क्यों
आये और, करे वह सब
उतना सब, जो भीतर
प्रतीक्षा में आने की चलता

आये और भुला दे मुझे, मेरे
इस तरह हारने का इतिहास
इस तरह हराते हुए
मुझे फिर एक और बार

5

पूछेगी मुझसे वह, समझे और,
अरे अकेले क्यों चाहूँगी मिलना,
तुमने नहीं चाहा, यह हुआ
जो हमारे बीच बदहवास

लगा नहीं मुझे, तुम नहीं
इसके लिए तैयार,
तुम इतने पागल मैं हैरान
अच्छा, बताओ कैसी मैं

नहीं चाहा मेरा आना
अब देखो मेरा जाना
न आऊँ तो अच्छा
मैं अब जाऊँ, अच्छा

इस तरह मिला कोई,
किसी ने ऐसे खोला
किसी ने ऐसे मारे झपट्टे
किसी ने इतना खुरचा
किसी ने नोचा इतना

उस वक्त जब कुतरा तुम्हें
मीड़ा तुम्हें लगातार
मेरे भीतर अपना होना
नहीं लगा तुम्हें,
अरे यह तो मैं खुद,
खुद को रौंदता इस बार

तुमने देखा, आखिर कैसे तुम
कैसी तुम्हारी आँखें कैसे

तुम्हारे दाँत, और कैसे हाथ

नाखूनों का पैनापन जो
छुपाकर रखा अँधेरे में
परखने, उसने मुझे
न छोड़ा उजाले में
मैं नापसन्द तुम्हारी
इतना सब करेगी मेरे साथ
इतना सब कहेगी मुझसे
खुद को बनाकर सलीब
लटकाएगी मुझे उस पर

अब तक वह आयी नहीं
अच्छा है वह न आये
वह जरूर आये, आये, आये

आये और, अब और नहीं, और
वह न आये, मेरा यह छद्म
टुकड़े-टुकड़े करके जाये

अच्छा है वह न आये
अच्छा है वह आये

वाकिंग दि प्लैंक*

जगह-जगह अपना लंगर डालता
अमरीका से चला है जहाज
जहाज में भरी है पूँजी अपार

जगह-जगह अपना रुआब गाँठता
जगह-जगह अपने कद बराबर
छाया छोड़ता बढ़ देता आगे

कोई जो इसकी छोड़ी कालिमा का
करता प्रतिरोध ओढ़ने से
करता उसे इंकार
देश देह या फिर दिमाग कोई

बाँधकर उसके ही जिस्म से
उसका ही देश या फिर दिमाग
करता जाता उसे यह विवश
करने के लिए वाकिंग दि प्लैंक

***वाकिंग दि प्लैंक :** एक मुहावरा—जहाज पर विद्रोह करने वाले व्यक्ति को कप्तान समुद्र में डूब कर मरने की सजा देता था जहाज पर लकड़ी का पट्टा प्लैंक लगाया जाता उस पर चलते हुए दोषी को छलाँग लगानी पड़ती उसके हाथ बँधे होते उनसे वजन लटका होता ताकि वह तैर कर बच न सके।

मगर पीछे देखें तो ऐसा भी एक देश
जिसने अपनी ही तरफ खींच लिया प्लैंक
जो नहीं डूबा जो ठीक बगल में इसके
कहलाते हुए चे कास्त्रो का क्यूबा

कुछ स्त्रियाँ

1

इन दिनों एक स्त्री लगातार मेरा पीछा कर रही है
मैं जब भी घर से बाहर निकलता हूँ
वह इस बात की परवाह किये बिना कि उसका
बोझ ढोते-ढोते मेरे कन्धे झुकने लगे हैं
वह मेरी पीठ पर अपनी आँखें चिपका देती है

2

इससे पहले भी एक स्त्री लगातार मेरी चिन्ता में
घुलती रहती थी, इतनी कि वह हमेशा अपनी ममता को
मेरे लिए खेल का मैदान बनाये रहती
वह मेरे फुदकने के लिए अपने हाथों की उँगलियों को
पल में गलियों में तब्दील कर लेती
वह अपने होठों की ऐसी मिठास छोड़ती मेरे गालों पर
कि वह स्वाद बनकर मेरे अन्दर उतर जाता
कभी मैं उसकी नजरों में बढ़ता लगातार
आज वह मेरे भीतर चुपचाप टँगी है

3

दूर से एक स्त्री मुझे बाड़ दिखाते हुए
उसके कँटीलेपन के बारे में बताती है
पूछती है क्या यही बेहतर था मेरे लिए
क्या तुम जैसा ही कोई नहीं हो सकता था

इस दुनिया में मेरे भी लिए, कितनी कमजोर हो गयी हूँ मैं
अपने पैरों पर नहीं हो पा रही हूँ खड़ी
मैं उससे कहना चाहता हूँ अपनी दुर्दशा के चाबुक से
ज्यादा नहीं पीटे वह मुझे, कहीं ऐसा न हो
हताशा में भावुकता से भरे एक दिन
मैं अपनी कलाई ही उसके आगे काटकर फेंक दूँ

4

धीरे-धीरे एक स्त्री में तब्दील होती एक स्त्री
मेरे पीछे छुपी ही रहना चाहती है
मैं उसके आगे से हटता हूँ
तो वह जोर-जोर से लगती है रोने
जब मैं उससे कहता हूँ कि तुम्हें मेरे आगे ही नहीं
बल्कि मुझसे भी आगे रहना है तब वह अपने हाथ की उँगली
समय के चेहरे की तरफ उठा देती है

5

इन सबसे हटकर एक स्त्री और है जो मेरे
मन की स्त्री है, जिसके लिए मैंने
अपने भीतर की सारी खिड़कियाँ, दरवाजे
खोल रखे हैं, वह इतनी पसन्द है मुझे कि उसका
अपने भीतर कहीं से भी आना, कहीं भी बैठना
और कहीं से निकलकर बाहर उड़ जाना अच्छा लगता है
जो मेरी धूप में अपने गीले पंख फड़फड़ाती रहती है
जिससे मैंने ये उम्मीद बाँध रखी है किसी रोज अपनी
चोंच में तिनके सा दबाकर कहीं दूर ले जाएगी वह मुझे

अपने दोस्तों के बीच ईश्वर : पाँच कविताएँ

1

तुमसे नहीं, तो अपने मन की किससे कहूँ
किन्हें सुनाऊँ अपना रोना, क्या उन्हें जो मुझे
बस पूजना जानते हैं, पहचानना नहीं

पता नहीं मुझे रोता देख वे क्या समझ बैठें
शुरू कर दें अपने ही जैसों का कत्लेआम,
और कहें, कैसे ईश्वर हो,
ईश्वर की भी कोई व्यथा होती है

व्यथा हमारी होती है तुम्हारा काम
व्यथा सुनना है, सुनाना नहीं
ईश्वर हो तो ईश्वर की तरह रहो
हम तुमसे इतनी उम्मीद लगाये बैठे हैं
तुम हो कि हमारी तरह हुए जा रहे हो

इधर मुझे तुमने भी अपने बीच बिठाना
बन्द कर दिया, दोस्त की शक्ल में
मेरी शक्ल भूल ही गये तुम
तुम भूल गये हमारे बीच हमेशा
एक गिलास मेरा भी भरा जाता था

ये भी कि मैं धीरे-धीरे सबसे ज्यादा

चखना चर जाता था, मुझसे बचाने
जिसे रख लेते थे तुम उठाकर, जो तुम्हें
कई बार पड़ता था दोबारा मँगाना

तुम्हें लगता होगा, मैं ईश्वर हूँ मुझे क्या कमी
मगर ईश्वर होकर भी मेरी हालत
उतनी ही खराब है जितनी तब,
जब मेरा खर्च उठाया करते थे सब
खर्च उठाने में अपना, मैं आज भी सक्षम नहीं,

तुम सोचते होगे, या तो मैं तुम्हें
भूल गया, या तुमसे मिलता नहीं
मगर ऐसा नहीं कतई, ईश्वर होकर
मैं तो अपना चेहरा ही भूल गया
आँख बचाकर तुम सबके बीच आया हूँ
तो खुद को याद आ रहा हूँ कुछ-कुछ

इस बीच तुमने भी नहीं पूछा आकर,
कैसा हूँ मैं ईश्वर होकर, तुमने सोचा,
अब मुझे क्या जरूरत तुम्हारी? मगर
ईश्वर होना दोस्त होने से बेहतर नहीं
कोई ईश्वर, दोस्त से बड़ा नहीं हो सकता
ईश्वर किसी का दोस्त भी नहीं हुआ कभी,

ईश्वर के लिए किसी को याद रख पाना
सम्भव नहीं अब, भीड़ इतनी है उसके पास
बड़े से बड़ा ईश्वर भी नहीं पहचान सकता
उसका दुश्मन कौन है और दोस्त कौन
उसे अब सब चेहरे एक से नजर आते हैं,
आज तो हुआ यह मैं रहता हूँ जहाँ

उसके पीछे मुझे कुछ आहट दी सुनाई
मैंने देखा तो मुझे अपने ही जैसे
कुछ दोस्त दिखे पेग बनाते, मस्ताते
और एक दूसरे को गालियाँ सुनाते

तुम तक मुझे उन्हीं ने पहुँचाया, वे हमें
अच्छी तरह थे पहचानते, हो सकता है
उनके साथ बैठकर पी हो हमने कभी
उन्होंने यह भी बताया उनका एक दोस्त
और भी था, जो अब ईश्वर हो गया है,

लेकिन वह उनके लिए कुछ करता नहीं
इतना भी नहीं, वह उनके लिए दारू की
कुछ बोतलें ही भिजवा दिया करे
उसके लिए कौन सी बड़ी बात है, ईश्वर है
मैं समझ गया वे मेरी बात कर रहे थे

2

चलो यार, अब मुझे ऐसे गुस्से में मत देखो
मेरा पेग बनाओ, फिर मुझे मारो-पीटो,
जो चाहे करो तुम्हारी मर्जी, ईश्वर के लिए
दोस्तों के हाथों पिटने से अच्छा कुछ
हो नहीं सकता, पुजते-पुजते थक गया हूँ

अरे अब तुम्हारे बीच आया हूँ तो क्या
ईश्वर की तरह आऊँगा, दोस्त हूँ
और फिर मेरा ईश्वर की तरह
आने का फायदा क्या
जब मेरे हाथ में कुछ नहीं, वहाँ से,
जहाँ रहने लगा हूँ मैं, मुझे कुछ भी लाने की
इजाजत नहीं, वह जो वहाँ है सब वहीं

रहता है, हिलता-डुलता नहीं, मैं भी

मैं इधर-उधर होऊँगा तो मुझे और मजबूती से
गाड़ दिया जाएगा जमीन में, सिर पर तान
दिया जाएगा मेरे और भी बड़ा छत्तर
हाथों में थमा दिये जाएँगे और भी
बड़े-बड़े हथियार, सब बेकार
यह भी हो सकता है मेरे वहाँ से
कुछ ले आने की सजा भुगते कोई और
और मैं किसी से कह भी न पाऊँ
कि यह तो किया धरा मेरा, कोई मानेगा भी नहीं
मैं वहाँ से ले जा सकता कुछ कहीं और

पत्थर में रहते-रहते मैं भी पत्थर हो गया हूँ
पत्थर की आँख, पत्थर के कान
पत्थर की जीभ और पत्थर के हाथ
पत्थर का ईश्वर या तुम मुझे ईश्वर एक पत्थर
या बस पत्थर कह सकते हो
पत्थर कहा भी जाता रहा हूँ

मैं हँसता हूँ भीड़ ने मुझे लेकर कैसे-कैसे
भ्रम पाल रखे हैं, मैं सब कर सकता हूँ
मैं ही सब करता हूँ, संसार में जो कुछ भी
चल रहा है उसमें मेरा ही हाथ है

सुख-दुख के पीछे मैं ही हूँ, मैं देने पर
उतर आऊँ, तो किसी की दुनिया बदल दूँ,
तुम देखो, ईश्वर होने के बाद भी तुमको
एक बोतल दारू तो पिला नहीं सकता
दुनिया की किस्मत क्या खाक बदलूँगा

अच्छा, मैं तुमसे झूठ बोल रहा हूँ, चलो
सब मिलकर तलाशी लो और मेरी जेब से
एक पैसा तो निकालकर दिखाओ
ऐसा भी नहीं कि मैं यहाँ आने से पहले
सब कुछ वहाँ रख आया होऊँ

वहाँ सब मेरे नाम पर जरूर है, मगर
मेरे लिए कुछ भी नहीं, वहाँ न मेरी
अलमारी जिसमें लगा देता होऊँ ताला
न ही किसी बैंक में मेरे दस्तखत से
चलने वाला कोई खाता, ऐसा मैं ईश्वर

झूठ बोलते हैं जो यह कहते हैं ईश्वर
सबसे शक्तिशाली है, सबसे धनवान है
सबसे दयालु है, सबसे बड़ा दाता है
मेरे शक्तिवान होने की पोल तो यह है–
हवा से मेरी धोती की गाँठ खुल जाए
तो मैं खुद नहीं बाँध सकता उसे भी

धनवान होना तो मेरा तुम देख ही रहे हो
बिना शक्ति और धन के काहे की दया
और काहे का दान, सच कहूँ तो किसी
ईश्वर के पास यह दोनों नहीं,
सब के सब मेरे जैसे हैं, फटीचर

किस्मत वाले हो तुम तीनों जो मेरी तरह
ईश्वर नहीं हुए, मेरी जगह तुम में से कोई
ईश्वर हो गया होता, मेरी तरह रो रहा होता
ईश्वर होने से बुरा कुछ हो नहीं सकता
ईश्वर होने से बड़ा कोई अपराध नहीं

3

तुम तीनों आज कम पीना या और मँगाना
मेरे लिए, बहुत दिनों से पी नहीं मैंने
आज मैं छककर पिऊँगा, लुढ़कने तक
तुम्हें क्या लगता है वे जो कहते हैं
उनके पास जो भी है सब मेरा दिया हुआ है
वे सच कहते हैं, नहीं, वे झूठ बोलते हैं
मैंने उन्हें कुछ नहीं दिया, किसी ईश्वर के पास
कुछ है ही नहीं, तो वो देगा कहाँ से

जिसे वे मेरा दिया कहते हैं, वे सब
तो उन्होंने तुमसे छीना है, तुम्हारी ज़िन्दगी से
ज़िन्दगी उन्होंने ही चुरायी है,
जब मैंने ही उन्हें दिया है तो उसमें
उनकी क्या गलती, अब तुम भी माँगो
बैठे रहो हाथ जोड़े, मिलना कुछ नहीं,
मैं खुद तुम्हारे आगे हाथ पसारे बैठा हूँ

घण्टों वे भले ही बैठे रहते हों मेरे आगे,
मुझे दिखाई दे तब न, बजाते रहें घण्टियाँ
मुझे कुछ सुनाई तो देता नहीं,
जब साँसें ही नहीं चलतीं मेरी, कैसी भी
बत्तियाँ जला लें, पहना लें मुझसे कैसे भी
फूलों की माला क्या फर्क पड़ता है मुझे
अब छप्पन भोग, मैं पत्थर क्या खाऊँगा,

जिसे उन्होंने छीना है तुमसे, जिसे वो
मेरा दिया बताते हैं, उसका बहुत हिस्सा
उन्होंने मढ़ दिया है मेरे भी सिर
अब मैं हिलडुल तो सकता नहीं
उन्हें मना क्या खाकर करूँगा, उन्होंने
बेईमानी में अपनी मिला लिया है मुझे भी

जब से हूँ, मैं उन्हीं के कब्जे में हूँ
उन्हीं का ईश्वर हूँ, किसी काम का
न होते हुए भी उनके बड़े काम का हूँ

जो उन्होंने छीन लिया है तुमसे, सोचता हूँ
उसे तुम वापस क्यों नहीं लेते उनसे
अपनी ज़िन्दगियाँ वापस लेने के लिए
लड़ते क्यों नहीं उनसे, न देने पर जब तक
वे मर नहीं जाते मारते क्यों नहीं उन्हें,
मारते हुए उन्हें मरते क्यों नहीं लड़कर
मुझे उखाड़कर दे क्यों नहीं मारते उनके सिर पर
ईश्वर होने से तो रहा कम से कम
अब मेरा पत्थर होना तो सार्थक हो जाए

दुख तो यह है इसके लिए तुम सब भी
मेरे भरोसे बैठे हो जबकि नहीं कर सकता
मैं कुछ भी, मैं अपनी नाक पर बैठी मक्खी
तो उड़ा नहीं पाता, उन्हें दण्ड क्या दूँगा
अरे मैं किसी लायक ही होता
तो खुद को उनका बन्धक होने देता
उन्हें अपने नाम पर खाने-कमाने देता
गर्दन पकड़कर नहीं मोड़ देता सबकी

हाँ, हाँ मैं ठीक कह रहा हूँ, अपने गिलास
जल्दी खाली करो, या मेरा गिलास भरो,
आज मुझे उसी ढाबे पर रोटी खिलाने
ले चलना जहाँ एक बार लड़ते हुए हमें
पुलिस ने पकड़ लिया था, फिर देर रात
गिड़गिड़ाने और जेबें खाली कराने के बाद
छोड़ा हमें, मुझ में तो उन्होंने दो-चार
बेंत भी जमा दिये, कारण एक तो अपुन
उस रोज भी नंगे थे और ऊपर से उनसे
जुबान लड़ाये चले जा रहे थे सो अलग

लड़ना तो तुम्हें ही होगी अपनी लड़ाई,
तुम उसे उनके साथ-साथ मुझे भी
चुनौती देते हुए लड़ो, लड़ो और तोड़ दो
यह भ्रम करने वाला भी मैं हूँ ही,
रचने वाला भी मैं ही हूँ
देने वाला भी मैं ही हूँ, यह कि
मेरी मर्जी के बिना पत्ता नहीं हिलता,
और पत्ते, अपनी मर्जी से कहाँ-कहाँ
हिलते-डुलते और उड़ते फिरते हैं

4

अच्छा ये बताओ तुम्हारे अलावा ये बात
किस-किस को पता है कि मैं दलित हूँ
और अब ईश्वर हो गया हूँ,
क्या मेरी उसे पता है जिसे पाने के लिए
मैंने कितने पापड़ नहीं बेले, अन्त में
इसी वजह से उसे गँवाना पड़ा मुझे,

शुरू-शुरू में जब मैं ईश्वर हुआ नया,
वह एक दो बार आयी भी मुझे पूजने
तब तक तो ठीक से ईश्वर में चेहरा
तब्दील भी नहीं हुआ था मेरा, मैंने चाहा
कम-से-कम एक बार तो मुझे देख ले
उसने आँख उठाकर देखा तक नहीं
सिर झुकाये हाथ जोड़े खड़ी रही
सिर झुकाये ही चली गयी वापस

पता नहीं क्या माँग रही थी वह मुझसे
ईश्वर को कुछ सुनाई तो देता नहीं
मेरे हाथ में कुछ होता
तो सब उसकी इच्छा पूरी करने में
लगा देता, उसके लिए मेरी हालत
तुमसे ज्यादा किसे पता होगी,

आँसू बहाते हुए जब मैं कहता निर्धन सही
सवर्ण होता, उसे पा तो लेता, तुम कहते
जात-पात तो ईश्वर की मर्जी है

ईश्वर होकर मैंने देखा, जात-पाँत
किसी ईश्वर की मर्जी नहीं,
किसी ईश्वर ने नहीं कहा
जात-पाँत अच्छी चीज है,
जब मैं नया-नया ईश्वर होकर पहुँचा
मुझसे किसी ने पूछा तक नहीं
मैं किस जात का हूँ, या तुम्हें किस ने
ईश्वर बना दिया, दलित भी कहीं
ईश्वर होता है, चलो छुओ मत हमें

तुम तीनों तो दारू पीना ही भूल गये
और मैं हूँ कि गटागट पिये जा रहा हूँ
लगता है तुम्हारे हिस्से की भी आज मैं ही
पी जाऊँगा, लाओ सिगरेट का कश लगवाओ,
नहीं, नहीं ऐसा करो नयी सिगरेट दो मुझे
आज अकेले मैं पूरी सिगरेट पिऊँगा

दोस्त होकर तुमने मुझसे जात-पाँत
नहीं की तो क्या तुम्हारे घर के लोगों ने
मुझसे भेदभाव करने का कोई मौका
नहीं छोड़ा तुम्हारे लड़ने के बाद भी
वे चाहते थे जब मैं तुम्हारे घर आऊँ
नहीं माँगूँ उनसे पीने के लिए पानी

कभी खाने की नौबत आ गयी तो
उन्होंने ये जताने का मौका नहीं चूका
मैं उनके यहाँ, साथ बैठकर खा रहा हूँ
उनकी कोशिश रही, हो सके तो मैं
अपनी जूठी थाली रखूँ धोकर,

उन्हें मेरा ईश्वर होना पता चले आज भी
वे मुझसे मेरे पिता के नाम से
फलाँ का लड़का कहकर न पुकारें
फलाँ जात का ईश्वर कहकर बुलायें
जैसे कोई बाप ही न हो मेरा
मेरी छोटी जाति ही हो मेरा बाप

अपने नाम पर जात-पाँत देखकर,
मेरी रीढ़ में भी होने लगता है कम्पन
ईश्वर हुआ तो कम से कम मेरे अन्दर
चमत्कार करने की इतनी क्षमता तो
चाहिए थी होनी, पलक झपकते ही
खत्म कर देता इसे, किसी ईश्वर ने
बिना ताकत इसे मिटाने की कोशिश
की तो ईश्वर का मिटना तय है,
जात-पाँत उसे ही मिटा डालेगी

5

क्या-क्या नहीं हो रहा मेरे नाम पर
सब झूठ बोल रहे हैं कोई नहीं कहता
जाओ भाइयो अपना काम देखो जाकर
सब तुम्हें बेवकूफ बना रहे हैं
तुम्हें देने के लिए ईश्वर के पास,
कुछ भी नहीं, हमारे पास भी नहीं

कोई नहीं कहता सब बराबर हैं
मानने वालों की संख्या कम होने से
कोई पहचान छोटी नहीं हो जाती, फिर
ईश्वर की जरूरत क्या है, ईश्वर के बिना
रहा नहीं जाता तुमसे जैसे
माँ ने नहीं, ईश्वर ने पैदा किया हो

किस कदर पैसा आता है मेरे नाम

सब का सब चोरी से कमाया,
तुम सबका गला काटकर बनाया
कोई नहीं पूछता मेरे नाम पर जो
हुंडियाँ चढ़ा रहे हैं लोग वो उन्होंने
कैसे कमाई हैं, काली कमाई न चढ़े
तो जिन जगहों में मैं रहता हूँ वहाँ
बिजली का बिल भी न भर पाये

चढ़ रही है मुझे, ज्यादा बोल रहा हूँ
लुढ़क जाऊँ तो मुझे जहाँ से आया हूँ
वहीं छोड़ आना, ईश्वर होने के बाद
अब मैं किसी काम का नहीं, नहीं गया
तो मुझे यहाँ-वहाँ ढोते फिरोगे

अब मैं ईश्वर होने से पहले जो था
वह नहीं हो सकता, कुछ ईश्वरों ने
कोशिश की भी वापस दुनिया में
लौटने की तो नहीं हो सके सफल,
एक बार ईश्वर हो गये तो हो गये
अब ज़िन्दगी भर ईश्वर होकर जियो
ईश्वर होकर मर तो सकते नहीं

इन बेवकूफों को क्या हुआ चाँद पर
राकेट भेजते हैं और उसकी प्रतिकृति
मेरे चरणों में चढ़ाने चले आते हैं
उनके काम से मेरा कुछ लेना नहीं
तब भी इसका श्रेय मेरी झोली में

एक यही तो रहा जो लगातार मुझे
चुनौती देता हुआ बढ़ता रहा आगे
ये महाशय उसे भी मेरे कदमों में

डालने पर उतारू हैं, जैसे यान में
हर बार पलीता मैं ही लगाता होऊँ

मुझे चुनौती देना पसन्द है, जो मुझ
निष्क्रिय को चुनौती देता है, वह
आगे बढ़ता है, काश कि मैं खुद को
चुनौती दे पाता, इस ईश्वर होने से
अपना पीछा छुड़ाकर भाग पाता

मर्जी तो यह है मेरी सब खूब काम करें
जमकर दारू पियें, दाल-रोटी खायें,
मिलजुल कर रहें, मेरी जगह किताबों को
समय दें, मुझे जरा भी घास न डाले न ही
अपना करा-धरा मेरे नाम पर थोपें,

मुझे दिनों से पीने को मिली नहीं,
तो ज्यादा पी ली है मैंने, मगर
मैं ईश्वर नहीं रहना चाहता,
मेरा ईश्वर होना किसी काम का नहीं
यह मुझसे बेहतर कौन जानता होगा

मेहनत से कमाने-खाने वाले दोस्तो
खुद पर भरोसा करने वाले साथियो
मुझे कतई भाव न देने वाले मनुष्यो
मैं सच कह रहा हूँ मुझ पर यकीन करो।

माचिस

बीड़ी के बंडल से सटकर खुरखुराती
माचिस जी, आग का जन्मदिन
बता सकती हो जैसे मैं तुम्हारा
सात अप्रैल सन् अठारह सौ सत्ताईस

जन्म के कितने दिन बाद तुम आयीं
मेरे नाम, गोत्र और पहचान वाले
उस घर जहाँ रहता हूँ मैं

पहली बार हौंस या हारकर कब–
खरीदा गया तुम्हें, किस तरह
किया गया खर्च, कितने दिन बाद
पहुँच सकी चूल्हे में फूकनी से जूझते
गृहिणी के हाथों तक कितने दिन तक
वह डरती रही तुम्हें जलाने से

यह पहेली तो सुझाओ, तुमसे पहले
लाइटर कैसे आ गया हमारे बीच

देह धरे को दण्ड है

वह उस देह से भारी नफरत करती है
वह उस पर थूकना चाहती है
आग में झोंक देना चाहती है उसे

उसमें उसे हरदम ऐब ही नजर आता है
वह उसमें हमेशा खोट ही ढूँढ़ती है
उसका जिक्र चलने पर वह अपना मुँह
ऐसा बना लेती है जैसे
उसके जिक्र से ही दुर्गंध उठ रही हो
आ रही हो उसे खूब घिन

वह उसे कभी औरत सी नहीं दिखी
जब भी उसने उसके बारे में सोचा
उसके बारे में औरत की तरह नहीं
एक देह की तरह सोचा जबकि
अपनी देह में रहती वह भी औरत है

कहती भले ही हो कि वह उसका
चेहरा तक देखना नहीं चाहती,
सामने पड़ जाए तो वह उसे नोच ले
जबकि उसका चेहरा उसकी
आँखों के आगे से हटा ही नहीं कभी
वह उसे अपने सामने से एक इंच भी
इधर-उधर नहीं सरका सकी

सच है कि वह अपनी जगह अब
उस देह में रहती है, वह खुद को
उस जैसा तराशने में जुटी रहती है
वह जब उसके भीतर होती है
तो खुद को उस जैसा गढ़ लेती है
जब बाहर होती है तो बैठ जाती है
खुद पर उस जैसी चुभन टाँकने

वह घृणा नहीं जिसे वह उससे
करना बताती है, तड़प है कि वह
उस जैसा होते हुए भी खुद का
उस जैसा होना बुनती है जबकि
उस जैसा होना भी उसके जैसा
होने की गारंटी नहीं कोई

उसके जैसा होना चाहती उसे
उसका पक्षकार होना मंजूर नहीं
मंजूर नहीं कतई कि वह देह
जो उससे चली गयी इतनी दूर,
पहुँच गयी उसके इतने करीब,
जिसने तोड़कर रख दिया उसका गुरूर
खुद को लगने लगी वह कम
करीब भी होकर गुजरे उसके

वह उस देह में कटारी सी क्यों नहीं उतरती
उसका कलेजा क्यों नहीं चीरती
जो उससे लिपटने को तैयार नहीं कतई
जिससे लिपटी रहना चाहती वह।

भाई

मेरे भाई की नाक एवरेस्ट से ऊँची
चाँद से भी चमकीली
किसी से प्यार करूँगी तो कट जाएगी
अपनी कटी हुई नाक के साथ
मेरा भाई कैसे जियेगा
वह तो मर जाएगा जीते जी

उसकी आँख दूरबीन से तेज
निशाना गुलेल सा सटीक
मैं घने झुरमुट में भी किसी से मिलूँगी
वह देख लेगा, वह वहीं से
खींचकर मारेगा पत्थर
जो ठीक माथे पर लगेगा मेरे
उसके लगते ही
मेरे भाई का माथा हो जाएगा ऊँचा

कोई हाथ, हाथ में लेकर चलूँगी
गुस्से में उसके हाथ मेरी
और उसकी गर्दन मरोड़ देंगे
फेंक देंगे किसी नाले में जाकर
कई दिन तक वह अपने
हाथ नहीं धोयेगा, दिखायेगा सबूत
खाप उसके हाथों को चूमेगी

जहाँ तक घूम सकता वह
घूमेगा छाती फुलाकर अपनी

कलदार सा खनकदार भाई का नाम
मगर वह कब तक काम आएगा मेरे
प्रेम तो फिर भी रहेगा साथ
प्रेम के बिना मैं कैसे जिऊँगी
प्रेम करूँगी तो जाऊँगी मारी

जब भी पीछे लौटता हूँ

तेज धार में इसकी, नाम के आगे से कटकर
एक-एक कर बहते चले गये
पुश्तैनी पानीदार खेत

किसी ढलान से नहीं, कि कोई, देखता फिसलते
और बचा लेता कुछ उपाय कर
इसकी गहराई में गिरकर
हो गयीं नेस्तनाबूद बाखर बारह दरवाजों वाली

फिर बचे खुचे जेवर-बर्तन-भांड़े
और सबके पीछे-पीछे घर से सुबकती हुई निकली इज्जत?
और देखते-देखते इसके अँधेरे में खो गयी

किसी युद्ध में शत्रु से लड़ते हुए नहीं
मेरे पुरखों ने कर्ज से हारते हुए गँवाया अपना राजपाट

लाल बहियों के सफेद पन्नों पर टँकी
इसकी इबारत को पढ़ते हुए
मैं जब भी पीछे लौटता हूँ
अपनी सात पीढ़ियों को
इसके जूते के तलुए के नीचे बिलबिलाता हुआ पाता हूँ

फोकटिया

मुझे उसे इस नाम से ही पुकारने में मजा आता है
और हद यह कि उसे मेरी इस शरारत का बुरा नहीं लगता

फोकटिया मेरी देखा-देखी उसे इस नाम से
और भी लोग पुकार लेते हैं मगर उन पर तो वह
अपने लिए यह सम्बोधन सुनकर कभी-कभार बिफर भी जाता है
मगर उसने आज तक मुझसे इस बात पर कभी नाराजगी जाहिर नहीं की
शायद उसके लिए मैं भी गुड़ की भेली की तरह हूँ एक
जिससे वह इन दिनों मक्खी जैसा चिपका ही रहता है निरन्तर

किसी भी छोटे बड़े अपमान को चुपचाप पी जाना
या उसे उड़ा देना हँसी में, यह कला कोई सीखना चाहे
तो उससे सीखे हद होती है यार, उसकी पीठ पीछे हम लोग
आपस में करते हैं बात, इसे किसी बात का बुरा ही नहीं लगता
दुनिया के सबसे बड़े फोकट के खिताब से भी
इसे नवाज दिया जाए तो कम है

ठीक है आप कब तक उसे जानबूझ कर होटल पर बैठे हुए सब के सब
चाय की नहीं पूछेंगे, कुछ देर बाद हँसते हुए यही कह देगा
क्या यार आज चाय भी नहीं पिलवाओगे हद हो गयी ये तो,
सबके बीच खाने-पीने के लिए आये सामान को
बे-झिझक खाएगा बराबर से उसे कभी नहीं लगेगा
कि उसे थोड़ा अपना हाथ रोककर चलना चाहिए

कोई सिगरेट पीता दिख जाए फिर तो ठीक, नहीं तो कुछ देर बाद
कन्धे पर हाथ धरते हुए कहेगा, सिगरेट तो मँगा लो यार
ये भी कोई बात हुई तुम्हारी इच्छा नहीं हो रही तो क्या
हमारी तो हो रही है, हमारे लिए ही सही
लाओ पैसे निकालो मैं ले आता हूँ
कहते हुए वह अपनी ढेर सारी हँसी खोंस देगा तुम्हारे दाँतों में

तो आप उस तरफ जा रहे हैं न, वहीं नजदीक मुझे भी काम है
कहकर जम जाएगा आपके स्कूटर की पीछे वाली सीट पर
या फिर कहेगा जरा अपनी गाड़ी देना यार
थोड़ी देर में आता हूँ पेट्रोल तो है न इसमें
जहाँ तक खुद की मोटर साइकिल का सवाल है
उसकी हिम्मत नहीं कि वह बेकाम
कहीं घर से एक इंच भी बाहर सरककर दिखा दे
फिर पेट्रोल तो उसकी गाड़ी में कभी रहता ही नहीं
और कभी हम उससे अपने काम से चलने की कहें तो वह
छूटते ही कहेगा चलो चलते हैं तुम्हारे लिए तो जान भी हाजिर है
मगर सुबह से कुछ खाया नहीं नाश्ता तो करवा देना

फिर तो आपका समय ही मालिक है जो उसने एक बार
आपसे फिल्म दिखाने के लिए चेंटना शुरू कर दिया
यह आपके कौशल की परीक्षा होगी जो आप उससे बच जाएँ
अन्यथा लगभग सभी फिल्में तो उसने इसी तरह देखी हैं
और वह भी मध्यान्तर में चाय समोसे के साथ बालकनी में

कई बार ऐसा हुआ जब हमने उससे कहा यार आज तो तुम
हमें कुछ खिलाओ-पिलाओ तो उसने तत्काल अपने दोनों हाथ
यह कहते हुए कर दिये खड़े
कि अपने पास पैसे ही नहीं हैं चाहो तो तलाशी ले लो
और कभी बेशर्म बनते हुए हमने तलाशी ले भी ली तो उसकी
जेब से दो रुपये से ज्यादा नहीं निकले

वह भी उसने गिड़गिड़ाकर यह कहते हुए वापस ले लिये
खाली जेब ठीक नहीं रहती दो रुपये तो उसमें पड़े रहने दो

क्या किसी ने इसे अपनी जेबों में हाथ डालते भी देखा है
पता नहीं इसके शरीर पर किसकी खाल चढ़ी है
आदमी की तो बिल्कुल नहीं लगती
कितनी भी सुईयाँ चुभोओ कुछ असर ही नहीं होता
उससे चिढ़ते हुए जब मेरा एक मित्र उसके बारे में यह कहता है
मैं अपनी हँसी रोके बिना नहीं रह पाता।

हथेलियों का सुभाव

उन्होंने जब देखा कि पूरा दफ्तर उन्हें लेने स्टेशन पर जमा है
तो बाहर से भले ही उन्होंने यह अहसास
किसी को नहीं होने दिया लेकिन भीतर ही भीतर
वे खुशी से फूले नहीं समाये,
डिब्बे से उतरते ही दो तीन बाबुओं ने लपककर
उनके गले में मालाएँ पहनाईं
और लगभग सभी ने बारी-बारी से छुए उनके पैर

हालत यह थी कि सभी उन्हें रेलवे स्टेशन पर ही
अपना-अपना चेहरा रटाना चाहते थे,
करना चाहते थे बेबात ही उनसे कुछ न कुछ बात
जबकि कल से उन्हें दफ्तर में बैठना था
और लेना था लगातार उनसे सरकारी काम,
वे बहुत चतुर थे सो उन्होंने थोड़ी ही देर में
बाबुओं के चेहरों पर जमी बेचैनी देखकर
अपनी जीप में चढ़ने से पहले ही पढ़ लिया सारा माहौल
वे तत्काल समझ गये कि यहाँ भी सब वैसा ही है
जैसा वे अपने पीछे आये हैं छोड़कर

फिर अगले रोज दफ्तर पहुँचकर उन्होंने सबसे पहले
पहले से जमे हुओं के बारे में पूछताछ की,
फिर उन्होंने लम्बे समय से उखड़े हुओं की ली सुध,
देखते-देखते जमे हुओं के बीच अफरा-तफरी मच गयी
और उखड़े हुओं को अचानक दिखाई देने लगा उजाला,

लेकिन ये बात वे खुद ही जानते थे
कि 'बाबू-नीति' के वे कितने बड़े खिलाड़ी हैं
वे जानते थे कि 'तत्व' इसी मन्थन से निकलता है
कुछ दिन तक आश्चर्यजनक रूप से वे चुप्पी साधे रहे
दिखाते रहे सबके आगे खुद को बेहद सख्त और धारदार
हालाँकि उनके लिए खुद पर नियन्त्रण रख पाना बड़ा कठिन था,
फिर भी वे डटे रहकर अपनी पर, देखते रहे तमाशा,
लेते रहे मजे, कि कैसे दफ्तर के बाबुओं की बेचैनियाँ
उन पर मक्खियों की तरह भिन-भिनाती हैं
कैसे बेकाम ही जमे रहते हैं वे सब उनके चेम्बर में
काटते रहते हैं सुबह-शाम उनके बँगले के चक्कर,
पूछते रहते हैं सर हमारे लायक कोई काम तो नहीं

वे समझ रहे थे कि उनसे किस काम के लिए पूछा जा रहा है लगातार
उनके द्वारा किस रंग क़ी हरी झंडी के दिखाये जाने का
किया जा रहा है इन्तजार क्योंकि उस ट्रेन के
जिसमें सब लदने को थे बेचैन
वे ड्रायवर भी थे और गार्ड भी
और उनकी हथेलियों का स्वभाव भी कुछ ऐसा था
कि उन्हें मचती ही रहती थी खुजली

फिर देर करने से भी क्या फायदा
जितनी देर उनका उतना ही नुकसान
बीच रास्ते में चक्कर लगा-लगाकर ज्यादा देर मूतना भी ठीक नहीं

फिर एक दिन जब उनके लिए असम्भव हो गया रुकना
उन्होंने इस बीच कुछ चुने हुए बाबुओं के सामने
पिछले कई दिनों से बन्द अपने मुँह को
सीवेज के ढक्कन की तरह खोल दिया

होटल पर चाय पीते हुए उन बाबुओं में से एक बोला
अरे यार ये तो पिछले वाले से भी ज्यादा गन्दा और बदबूदार है।

भय

दिनों की प्रतीक्षा के बाद लगातार हो रही रिमझिम बारिश में
एक कच्ची पाटौर नाले किनारे भीग रही है भयभीत

टीन टप्परों, काठ की पेटियों से बनी दीवारों
लोहे की पतली चादरों वाली छतों और
टाट के परदों वाली खिड़कियों वाले घर
जबरदस्ती जो नाले किनारे गाजर घास से हो गये खड़े
धड़क रहे हैं उनके कमजोर दिल
कड़क रही है पाटौर के मन में बिजली

धीरे-धीरे नाले में बढ़ता हुआ पानी
समेटे हुए अपने में ढेर सारी गन्दगी
पाटौर में घुसने से पहले घुस रहा है
बेबसी में उसमें रहने वालों की
यह रात का समय है और इस समय
नाले किनारे बने तमाम घरों में जागते लोगों की तरह
इसके भीतर भी भय से एक दूसरे का मुँह
ताक रहे हैं लोग, उधर नाले में लगातार
बढ़ता हुआ पानी किनारों को छू रहा है निरन्तर

रुकने का नाम नहीं ले रही बारिश
और पाटौर के भीतर लोगों ने पोटलियों में
बाँधना शुरू कर दिये हैं फटे-पुराने कपड़े, लत्ते

एल्युमीनियम के बर्तन दो-चार
पता नहीं अपने साथ गू-मूत बहाकर लाता यह पानी
एक बार भीतर घुसे तो कब बाहर निकले
या जाते-जाते बहाता हुआ ले जाए अपने साथ
पाटौर की किसी तरफ की कोई दीवार
या फिर ले ही ले कोई जान

टीन के दरवाजे और कच्चे फर्श के बीच से
पानी आने लगा है भीतर, काले रंग के
झाग उगलते बदबू छोड़ते पानी से
पैरों के तलुए होने लगे हैं चिपचिपे,
पानी धीरे-धीरे पैरों के टखनों तक चढ़ेगा
फिर चढ़ता चला जाएगा घुटनों तक
घर के बर्तन, डिब्बे, खाटें, लकड़ियाँ और कनस्तर
अचानक दिखाई देने लगेंगे सब के सब
गन्दगी के काफिले में शामिल उसके हिस्से

लगातार हो रही इस रिमझिम बारिश में
नाले किनारे भयभीत एक कच्ची पाटौर की
बढ़ते हुए गन्दे पानी में छटपटाहट बढ़ती जा रही है लगातार।

चुप

तू जिसकी निष्क्रियता पर अपनी
उँगली उठाता है वह पार्टी की
कार्ड होल्डर है तू नहीं, समझे
तेरी यह हिम्मत तू कहे उसके पास
दृष्टि नहीं, कोई योजना नहीं,
कोई समझ नहीं उसकी

तू उसकी इच्छानुसार नहीं चलेगा
ऊपर खबर कर दी जाएगी
कह दिया जाएगा तू अब
किसी की सुनता नहीं, अराजक
हो गया है, समझने लगा है
अब खुद को बड़ा कवि

तू लेखक बना कैसे? आखिर
हमारी ही वजह से तो न
जब तू कहेगा तब फिर सभी हो सके
लेखक क्यों नहीं, तो बस
यह प्रश्न उठाने भर से ही
तेरे उस किये धरे को सारे
भुला दिया जाएगा जिसमें शामिल
तेरी वह पुख्ता पहचान, हमेशा
जिस पर मँडराते खतरे तमाम

लेखक तू सौ शिथिलताओं को
हराने के लिए नहीं, खुद हारने के लिए
गठन में चुप रहना सीख
होल्डर के भव्य घर के
किसी अँधेरे कोने में धूल खाते
उस कार्ड की कल्पना के आगे
हाँजी, हाँजी कहना सीख।

लाल हो जाओ

दुनिया भर के लोगो लाल हो जाओ

धनपशुओं और धर्मपशुओं के खिलाफ
तानते हुए अपनी मुट्ठियाँ
गुस्से से लाल नहीं, बस
लाल के विस्तार की हमारी
लालसा के लिए लाल हो जाओ

दुनिया में सब भेड़ें हों और उन्हें
हाँकता हुआ हो एक गड़रिया
या हो एक पैगम्बर सबका
जिसके आगे झुके हों सब सजदे में
ध्रुवों की तरह कभी आपस में
टकरा चुके दुनिया के
दो विश्वासों से अलग नहीं
इन दो इच्छाओं का रंग

हमें मत बताओ हमारी चाहत भी
उस बुरी चाहत से कम बुरी नहीं
जो लगातार उस दुनिया को
जिसकी बात करते आये हम अब तक
धकेलती जा रही है और भी
अँधेरे में जिसके आगे
नहीं रह सके हम तनकर खड़े

यदि है तुम्हारी कोई पसन्द
कोई भाषा, कमतरी को बेहतरी में
बदलने की कोई उम्मीद तो
हमारी खातिर, हमारे लिए
उसे भूल जाओ, बस लाल हो जाओ

कोई सपना रहा भी होगा इनका कभी

हमारे पैदा होने पर उछल पड़ने की जगह
जो खुशी का ज्वार अपने भीतर दबा गये
जो सबके सामने अपनी गोद में लेने
और खिलाने से हिचकिचायें हमें
जिन्होंने हमारे पैदा होने की सूचना
किसी को दी भी तो सकुचाते हुए

अपनी पत्नियों के साथ जिन्होंने टॉकीज में जाकर
नहीं देखी कभी कोई फिल्म
जो अपनी पत्नियों के साथ सड़क पर
चले भी तो उनसे दस-दस कदम आगे
जिन्होंने उनके साथ खड़े होकर बाजार में
नहीं खायी कभी चाट और तो और
दुकान पर जाकर गर्भ निरोधक खरीदने की
नहीं हुई जिनकी कभी हिम्मत

एक के बाद एक बच्चे पैदा होते जाने पर भी
नहीं काँपे जिनके कलेजे, एक फिर और एक
पुत्र की चाहत जिन्हें बनाये रही लगातार पागल
जो हमेशा आठ-आठ बच्चों को पाल पोसकर
बड़ा कर देने का बखान
हमारे सामने चुनौती की तरह फेंकते हुए
युद्ध जीत लेने की तर्ज पर करते रहे

जिनकी पत्नियाँ बच्चों की गिनती गिना-गिनाकर
उनका मनचाहा घर से बाहर बाजार में
खा आने को प्रेरित करतीं
और खुद बच्चों के साथ रूखा-सूखा खाकर सोतीं
और रोज रात उनके पैर दबाते हुए
पढ़ाई से ज्यादा बच्चों के ब्याह के बारे में सोचती रहीं

जो सिर्फ सीधे रहे
नहीं रहे तो बस थोड़े टेढ़े
हम सोचते कि अच्छा होता जो वह
भले होने के साथ-साथ थोड़े चतुर भी होते
कम से कम इतने कि जो लगातार खाँसती आ रही बेटी को
अच्छे डॉक्टर के पास ले जाकर दिखाने की जगह
छत पर कमरा बनवाने की न सोचते

जिन्हें रोटी खाकर धूप में सोते हुए देखकर लगता
कोई सपना रहा भी होगा इनका कभी
जरा भी मुसीबत पड़ने पर जो माँ को कर देते आगे
और खुद घुस जाते घर में भीतर
जो हमारी तरफ देखते हुए हमेशा यही कहते
बहुत कर लिया, बस, अब तो ये बेटा बड़ा हो जाए
हम उन पिताओं के पुत्र हुए।

लगातार कोशिश में

मौत से बचने की लगातार कोशिश में
मारा जाऊँगा मैं एक दिन

मैं ये नहीं खाऊँगा
मैं वो नहीं पिऊँगा
और ये मानकर जिऊँगा
मुझे ये नहीं होगा
मुझे वो नहीं होगा

लेकिन नाली के पानी पर बैठा
सिर्फ एक मच्छर
मुझे मारने के लिए काफी होगा

सारे नियम रखूँगा याद
जब भी निकलूँगा सुरक्षा पहनकर
नहीं करूँगा गति से खिलवाड़
और यह मानकर चलूँगा
मेरे सपनों को कोई नहीं रौंद पायेगा

मगर मेरे हाथों में थमी लगाम
कभी भी टूट सकती है
हो सकता है सुरक्षा में कैद मुझे
हत्यारी कोशिशें छू भी न पायें

बारूद के विस्फोटक इरादे
पहुँच भी न पायें मुझ तक
मेरे कत्ल की प्रतीक्षा में खंजर
अपनी धार गँवा बैठे

लेकिन मैं उस घात से कैसे बच सकूँगा
जब मेरी ही व्यवस्था पलटकर
कर देगी मुझे छलनी
बचने की तमाम कोशिशें मिलकर भी
नहीं बचा सकेंगी मुझे मौत से।

जय श्रीराम

मेरे पिता का नाम रामचरण है
और मेरे दोस्त के पिता का नाम रामप्रसाद
मैं चाहता हूँ कि वे दोनों अब अपना नाम बदल लें

एक उन्मादी भीड़ हाथों में तलवारें लिये
अपने सिरों पर बाँधे हुए केसरिया झण्डे
चिल्लाते हुए जय श्रीराम
टूट पड़ती है मैली गर्दनों और
भीतर की तरफ सिकुड़ते पेटों पर

मैं जिस मोहल्ले में रहता हूँ उसका नाम
रामनगर है और मैं चाहता हूँ
सारी चिट्ठियों से पोंछ दिया है यह पता

एक दंगाई भीड़ आँखों में वासना भरे
अपने मन में लिये विकृत यौनेच्छा
कहते हुए जय-जय श्रीराम
भय से सलवार में सिसकती यौनि पर
झपट पड़ती है, पल में रख देती है
उसे अपने भगवा पौरुष से रौंदकर

मैं जिस घर में रहता हूँ उसका नाम
रामघर है और मैं चाहता हूँ
घर के चेहरे से खोद दिया जाए यह नाम

एक हिंसक समूह अपनी आँखों में आग लिए
बोलते हुए जय-जय श्रीराम
बरस पड़ता है टीन टप्परों काठ की पेटियों
और पुरानी बोरियों से बने ठियों पर
लेने नहीं देता उससे
बाहर आकर किसी को साँस

मैं जिस रास्ते से होकर रोज दफ्तर के लिए जाता हूँ
उस रास्ते में एक राम मन्दिर है
मैं चाहता हूँ फिलहाल डाल दिया जाए उस पर ताला।

चुप्पी

दिनों से बन्द कमरे में एक टेबिल पर धूल खाती किताब
जिसे सब कहते भौतिकी उसे पूरे कॉलेज में फिरती ढूँढ़ती
और वह दे रहा होता उस वक्त कहीं वक्तव्य
घोल रहा होता जहर उस पानी में जिसे पीते सब
जिसकी जरूरत सभी को सबसे पहले धर्म से भी

छन-छन कर पहुँचतीं सब तक खबरें, पहुँचतीं और सब
उसके बारे में फुसफुसाते, जहाँ तक पेन-पेंसिल भी
सिकोड़ लेते उसका नाम आते ही अपना मुँह
और अपना मुँह खोले बिना लेखपाल बनाता
उसका वेतन-बिल और अधिकारी लगाता उस पर अपनी मोहर

एक वह अकेला अपने भाषण में किसी किताब से पहले
'ग' से गमला या गणेश की जगह गधा कहता
उत्तेजित होकर लोग कहते अच्छा ऐसा
लेकिन जब वे ढूँढ़ने निकलते ऐसा लिखा उन्हें नहीं मिलता कहीं
वे बस सुनते और सुनकर रह जाते
और जो उन्होंने सुना वह किताब में छपे अक्षर सा
उनके भीतर छप जाता, बस जाता सोच में उनकी

क्योंकि उसे अपने लोगों के बीच एक भी ऐसा नहीं मिलता
जिसने लड़ी हो कोई लड़ाई खाया हो एक हल्का सा भी चाँटा
तो वह आजादी को ही बताता गुलामी

वह मानता ही नहीं उसे, कहता असली आजादी
आजादी है धार्मिक और वह उसे खुद और दूसरों के लिए
रहेगा लेकर वह लाल किला चढ़कर खुद को गर्व से
जो वह कहना चाहता है रहेगा कहकर

विद्यार्थी अपने-अपने हाथों में पुस्तकें थामे जब उसे
खोज रहे होते वह अचानक लाल चौक पर कर देता चढ़ाई
और दिल्ली पहुँचते-पहुँचते जब साफ-साफ
सुनाई देने लगती उसे गोलियों की आवाज

वह सहम जाता और पहरे के बीच हवा में
आता-जाता और खोंसता वहाँ डरते-डरते तिरंगा
एक दिन जब देश के भीतर टूटता विश्वास
उसके कन्धों पर बैठकर पिशाच करता नृत्य
और वह भी उसकी हँसी में मिलाता अपनी हँसी
और दिखाई देता वह उस वक्त शैतान से भी अधिक शैतान

मगर आते ही सत्ता में वह होते ही काबीना
सिल लेता अपना मुँह ले लेता चुप्पी गहरी
जो कल तक दौड़ता प्रसिद्ध पद के पीछे बेतहाशा बेकरार
अचानक उसका हो जाना चुप, चुन लेना नेपथ्य चौंकाता

मगर कारगुजारियाँ
उसकी दिखाई देतीं अलग से ही
देखते सब उसे करते एक भयानक खिलवाड़
देखते एक किताब जिसे सब कहते इतिहास
उसमें उसे भीतर तक घुसा और उसमें से चुन-चुनकर
सच को अपने दाँतों से चबाते, लीलते
और उसकी जगह खाकी रंग का झूठ हगते।

तुर्काना बॉय*

पुरातत्व तुमने जितना खोद लिया अब तक
उससे कहीं अधिक खोजा जाना शेष है अभी
मगर यह क्या कि तुम्हारा अन्वेषण
नहीं रहा अब सहेजकर रखने लायक विषमयकारी
होता जा विवादास्पद खोजे जा चुके को
नष्ट किये जा रहे के बीच जैसे बामियान

कोई क्यों नहीं चाहता अब इस स्थापित छवि
के टूटते ही जो छवि आये नजर
वह हो हूबहू उनके जैसी अधिक मानवीय
जिसकी जरूरत सभी को सबसे पहले उन्हीं को
जिनकी चाहतें यहाँ से वहाँ तक पसरी नहीं में

अब मैं मिला तुम्हें साबुत पहली बार लिये
ठीक तुम्हारे जैसा अस्थि पंजर
तुम्हारे पुरानेपन का इतिहास कहता
जिसे नाम दिया तुमने तुर्काना बॉय

मगर यह क्या कि वे आ गये
वे आ गये अपने तोपों में गोले भरे

******तुर्काना बॉय :*** प्रागैतिहासिक सामग्री एकत्रित करने वालों ने मनुष्य के जिस पहले पूर्ण कंकाल को प्राप्त किया है उसे 'तुर्काना बॉय' कहा जा रहा है केन्या के ईसाई उसकी प्रदर्शनी का यह कहकर विरोध कर रहे हैं कि उसे आदम हव्वा के हजारों साल पहले का क्यों बताया जा रहा है।

अपने त्रिशूलों की तीखें उभारे
शूलियों में ठोके जाने वाली नोकें
जेबों में भरे तुम्हें हड़काते वे आ गये
पूछते हुए तुमने कैसे बता दिया मुझे
आदम हब्बा से भी पुराना कि मैं कैसे हो सकता
उतना पुराना जितने कि वे आततायी भी
जो हो जाने वाले कल ठीक मेरे जैसे अस्थि पंजर में तब्दील

उस फोटोग्राफर का नाम पता करो

भूख से मर रही थी लड़की बस वह मरने वाली थी
करीब बैठा गिद्ध उसके मरने के इन्तजार में
उस पर अपनी नजरें जमाये था

भूख से मरने जा रही जिस लड़की के इन्तजार में
गिद्ध बैठा था वह लड़की इथियोपिया की थी
वह लड़की अकाल से जूझते किसी भी मुल्क की
हो सकती थी हो सकती है

भूख से मरने जा रही लड़की
और उसकी मौत के इन्तजार में बैठे
गिद्ध की फोटो जिस फोटोग्राफर ने उतारी
उस फोटो पर उसे जो पुरस्कार मिला मैं उस पुरस्कार
और उस फोटोग्राफर का नाम तक लेना नहीं चाहता

काश उसने अलवर्ट कोर्डा की तरह
क्यूवन क्रान्ति में मिली जीत के बाद
नारे लगाती भीड़ को दूसरी पंक्ति से
पहली पंक्ति के सामने आकर देखने आये
ये गवारा के फोटो की तरह कोई फोटो खींचा होता तो
कम से कम उसे अपने खींचे फोटो
और उस पर मिले पुरस्कार के तले दबकर
आत्महत्या तो नहीं करनी पड़ती

अगर तुममें जरा भी शर्म है
तो जाओ पहले भूख से मरती लड़की और
उसकी मौत का इन्तजार करते
गिद्ध का फोटो खींचने वाले फोटोग्राफर के बारे में पता करो

वरना दुनिया का जो फोटो तुम खींच रहे हो ना
एक दिन तुम भी उसके बोझ के नीचे दबकर मरोगे।

बल्व

सुनते हैं तुम बिजली बहुत खाते हो
तुमसे तो ट्यूब लाइट भली

तुम्हारी विदाई का समय आ गया है
मगर किस दुनिया से, हमारी दुनिया
तो तुम्हीं से रोशन है, दरिद्रता
और तुम्हारी रोशनी का रंग
अब भी एक सा है पीला

फिर तुम तो बिजली खाकर,
रोशनी लौटा देते हो, जो खाकर
मनुष्यता और स्वप्न बेहिसाब
भर रहे अँधेरा,
दुनिया से उनकी विदाई
तो हो जाए पहले तय

लगता है तुम हमारे ही लिए जन्मे
क्या दुनिया में फैली गरीबी को
थामस एल्वा एडिसन पहचानते थे।

पीठें

भागती हुई पीठें
अपना पीछा करने वालों के
चेहरे देख रही हैं

उन्हें छेद कर रख देने वाले
अन्तर का कम होना
तेजी से कर रही हैं वे महसूस

अपना पीछा करने वालों के आगे
वे कतई भागना नहीं चाहतीं
इस वजह से बहुत बदनाम
हो लीं वे अब तक

भागता कोई और है
और बदनाम वे होती हैं।

रोटियाँ

उनकी भूख में जितनी रोटियाँ हैं
उनमें से कुछ को बेला जाए
इतनी देर उनसे तैयार हो सकें
बच्चों के बस्ते शब्द और आग

उन तक पहुँचने वाली रोटी की
गणना तब्दील हो उन ईंटों में
जिनसे खड़ी हो सकें दीवारें
किसी-किसी रोटी की पहचान
इतनी तन जाए कि ठहर सके
उन दीवारों पर छतों सी

कुछ की गन्ध उनका ओढ़ना हो
कुछ से निकलती भाप हो बिछौना

रोटियाँ वैसी होने दी जाएँ
उससे पहले ही उन्हें उनकी
भूख के आगे तब तक
नहीं पटका जाए जब तक वे उनमें
अपना चेहरा न देख लें

विश्वपला*

नास्तिक की तरह घूमते हुए वेदों की गलियाँ
तुम मिलीं मुझे विश्वपला

ऋग्वेद में सम्पन्न हो चुके यज्ञ की
वेदी की राख को बैसाखी से कुरेदते देख
मैंने तुमसे पूछा अरे विश्वपला
तुम्हारे पास अब भी बैसाखी कैसे?

तुम्हारे लँगड़ेपन को तो लोहे का पैर लगा दूर कर के
अश्विनी कुमार ने बजा दिया था जहाँ में अपना डंका

फिर तुम यह बैसाखी क्यों पकड़े बैठी हो विश्वपला
क्यों इससे कुरेदने में लगी हो वेदी की राख
चलो उठो मुझे भी दौड़कर दिखाओ
यजुर्वेद का यह चमत्कार मैं भी तो देखूँ

विश्वपला तुम मेरी तरफ नजर उठाकर
क्यों नहीं देखतीं, यह वेदी कुरेदना
क्यों नहीं रोकतीं, बैसाखी दूर क्यों नहीं फेंकतीं
विश्वपला यह इक्कीसवीं सदी है

---

* ***विश्वपला :*** वेदकालीन लँगड़ी स्त्री जिसे लोहे का पैर लगाकर अश्विनी कुमार नामक दो वैद्यों ने दौड़ने लायक कर दिया जिनके लिए यज्ञ में ऋचाएँ गायी जाती हैं।

और तुम यहाँ तब से बैठी इस बैसाखी से
यज्ञ की राख ही कुरेद रही हो अपना हाथ बढ़ाओ,
और मेरे साथ इस सदी में अपने कदम चलो
क्या तुम चलने लायक नहीं हुई विश्वपला
क्या तुम अब भी लँगड़ी हो
अपनी चुप्पी तोड़ो, मुँह खोलो अपना विश्वपला
सच-सच बताओ मुझ कवि को बताओ
क्या तुम्हारे भी साथ तब भी वही हुआ
जो अब तक इस सदी में भी जारी है

मैं स्त्री होना चाहता हूँ : दो कविताएँ

1

मेरे भीतर स्त्री का होना मेरे भीतर स्त्री का होना है
मेरा स्त्री होना नहीं मैं स्त्री होना चाहता हूँ
मैं सदा के लिए अपने पुरुष होने की तरफ
कभी न लौटने के लिए स्त्री होना चाहता हूँ
मैं बस स्त्री होकर देखने के लिए
स्त्री नहीं होना चाहता मैं हमेशा के लिए
स्त्री की देह दिमाग दिल और दुनिया होना चाहता हूँ

मैं कितनी भी बात कर लूँ स्त्रियों की
कितना भी चौंका हूँ उन्हें उनकी कहकर
दिखा दूँ उन्हें उनका ताना बाना करके अलग-अलग
दीवार पर चढ़ती उनकी इच्छाओं की बेल की
लहरा दूँ उनकी आँखों के आगे हरी-हरी

लजा दूँ उन्हें भीतर ही भीतर किसी बात पर
किसी याद पर उन्हें गुदगुदा दूँ जमकर
किसी चिढ़ पर उन्हें खिजा दूँ चुभकर
दिखा दूँ अपनी आँखों में अपने भीतर उन्हें ऐसे
जैसे उन्होंने खुद को देखा ही न हो कभी अपने में

किसी घात पर पैदा कर दूँ उनकी आँखों में नमी
उनकी बेचैनियाँ बता दूँ उन्हें जोड़कर

एक जगह बाँधकर दिखा दूँ उन्हें उनकी
अब तक की तड़पें अँधेरे में डूबी उनकी रातें और
सूरज के रहते अँधेरे में ही डूबे उनके दिन
झरा दूँ उनके ही आगे उनकी हथेलियों से

मैं पुरुष होते हुए कितना भी कम पुरुष हो के
मैं भीतर की स्त्री की वजह से कितना भी अधिक
स्त्री हो के खुद को दिखा दूँ उनके आगे,
इस सबसे मैं स्त्री तो हो नहीं जाऊँगा
रहूँगा तो पुरुष ही न, यही वजह है कि
कि मैं पुरुष होते हुए स्त्री नहीं होना चाहता
पुरुष से अलग अपनी गन्ध अपने स्वभाव
अपनी आदतें अपने ढंग लिए जैसे होती है कोई स्त्री
ठीक मैं उस जैसी स्त्री होना चाहता हूँ

2

मैं स्त्री की कोख में पलती स्त्री होना चाहता हूँ
स्त्री की कोख में पलती स्त्री होकर
महसूस करना चाहता हूँ आखिर उस दौरान जब मैं
एक स्त्री होकर बढ़ूँगा उसकी कोख में
मुझे लेकर क्या सोचेगी वह, क्या सोचेगी वह
जब उसे पता चलेगा उसने माँ बनने की राह पर
पहला या फिर एक और कदम रख दिया है

क्या सोचेगी वह जब उसकी कोख में भ्रूण सा
बस मैं ही जानता होऊँगा स्त्री के रूप में
तब्दील होता जा रहा एक स्त्री हूँ मैं
मैं उसके मन की वह ध्वनि सुनना चाहता हूँ
जिसमें वह फेरते हुए अपने पेट पर हाथ
स्त्री होने के बावजूद खुद से क्या कहती है
स्त्री या पुरुष या बस पुरुष

मैं समझना चाहता हूँ वह तब कैसे स्त्री की शक्ल में खुद का
और अपने भीतर स्त्री के रूप में मेरा बचाव कर पाएगी
जब लगातार उसके सामने साथ रहता पुरुष
उसके भीतर बस खुद के होने की इच्छा जाहिर करेगा
तब क्या वह भी घबराकर यही सोचगी
यदि उसके भीतर मैं गढ़ भी रही होऊँ तो किसी भी तरह
स्त्री की जगह मैं एक पुरुष में हो जाऊँ तब्दील

यह फिर वह मन ही मन कहेगी मुझसे घबराओ नहीं
तुम मेरी कोख में आराम से बनो, बढ़ो
और बेफिक्री से लो जन्म, मैं तुम्हारे साथ हूँ
या फिर वह काँपते हुए अकेले में कहेगी मुझसे
हर बार मेरी कोख में तुम ही चली आती हो
तुमने तो मेरा जीना मुश्किल कर दिया है
तुमसे विनती है मेरी कम से कम इस बार तो मत आना
मैं बस स्त्री को ही जन्म देने वाली स्त्री नहीं होना चाहती

मैं स्त्री होकर जानना चाहता हूँ पुरुष के लिए
बस पुरुष को ही जन्म देना चाहती है वह
या खुद के लिए भी वह एक स्त्री को जीवन देना चाहती है
मैं स्त्री की कोख में पलने उसके द्वारा मुझको बचाने
जन्म लेने और स्त्री होकर जीने के जन्म लेना चाहता हूँ।

❑❑